침몰하는 한국, 생존을 위한 선택

침몰하는 한국

생존을 위한 선택

곽노성·정인성 지음

렛츠북

목차

서문 • 009
저자의 글 • 013

지속 불가능한 대한민국

▶ 미래의 묵시록, 인구 소멸이 불러올 재앙 ◀

'세계 최초의 소멸 국가' 탄생 • 018
2024년 합계출산율 0.75의 의미 • 019
2040년 부양 부담 75% 증가 • 020
다가올 역성장과 디플레이션 • 021

▶ 빈곤한 노인 세대를 책임질 빈곤한 2030 ◀

양극화란 프레임에 갇힌 한국 • 024
대책 없는 노인 빈곤 • 026
미래를 거세당한 2030 • 029

▶ 저주의 시작, IMF ◀

IMF의 망령 (1) - 각자도생의 시작 • 035
IMF의 망령 (2) - 잃어버린 공동체 • 037
IMF의 망령 (3) - 집단이기주의 • 040

▶ PC주의와 공공 시스템의 붕괴 ◀

공공 시스템, 청년이 떠난다 · 042
사명감을 가지면 위험하다 · 044
피해의식과 공유지의 비극 · 047

정치가 내다버린 22년

▶ 콜로세움 안에 미래는 없다 ◀

검투사 정치와 소멸하는 합리주의 · 052
법률이란 칼로 싸우는 콜로세움 법원 · 055
회색 코뿔소는 이미 다가와 있다 · 057

▶ 승리지상주의 ◀

역사로 편을 갈라라 · 059
욕망을 자극하라 · 062
환상을 심어줘라 · 066

▶ 무너진 정책 생태계 ◀

대선 주기로 약화되는 국정 운영 역량 · 071
적응하는 공직 사회 · 074
정치 주도 개혁이 실패한 이유 · 076

경제 성장만이 살길이다

▶ 멈춰선 한국 경제, 혁신 없는 부채 성장 ◀

멈춰선 산업 혁신, 중국에 따라 잡혀 • 082
산업 경쟁력 악화가 불러온 수도권 집중 심화 • 086
혁신 없는 부채 성장, 부동산 가격 폭등 • 088

▶ 유럽처럼 행복할 수 있다는 환상 ◀

미국과 점점 격차가 커지는 유럽 • 090
혁신에 부정적인 유럽의 제도와 문화 • 092
유럽보다 나빠진 한국의 혁신 환경 • 095
한국을 떠나는 기업과 인재 • 100

▶ 일본처럼 버틸 수 있다는 착각 ◀

일본보다 심각한 저출산 고령화 • 102
엔화는 안전자산, 원화는 위험자산 • 105
높아지는 스태그플레이션 위험 • 108

▶ 코리안 R&D 패러독스 ◀

투자하면 성과가 나온다는 착각 • 111
과학기술이 아닌 혁신이 경제를 살린다 • 113
퍼스트 무버에 대한 집착을 버려라 • 115
가장 중요한 것은 몰입할 수 있는 환경 • 117

▶ 중국과의 제조업 경쟁이 성패를 결정한다 ◀

내수와 서비스 산업의 성장 한계	• 120
35년 만에 저문 평화의 시대, 35년간 진행할 패권 경쟁	• 123
중국과의 제조업 경쟁, 미국과 협력 성패 좌우	• 126
AI 기술 활용, 제조업 경쟁력 높여야	• 130
한국 경제의 새로운 돌파구, 파운드리	• 132

▶ 인구 감소, 다민족 국가 외에는 길이 없다 ◀

출산율 낮은 유럽, 다민족 국가로	• 137
한국의 정해진 미래, 다민족 국가	• 141

▶ 중소기업 비중 줄이고, 대기업 비중 3배 늘려야 ◀

경제의 중심, 대기업이 부족하다	• 148
대기업이 부족한 이유	• 154
기업 생태계, 더 이상 버틸 힘이 없다	• 160
상법 개정 이상 큰 틀의 접근이 필요하다	• 175
기업 성장의 과실을 국민에게	• 186

개혁으로 가는 길, 과정이 성패를 결정한다

▶ 국민에게 할 말은 하는 리더십 ◀

국가 개혁의 리더, 대통령	• 202
개혁을 이끌 수 있는 용기	• 203

▶ 선택과 집중, 넓게 보고 깊게 분석하라 ◀

아젠다 선정이 중요한 이유: 선택과 집중 · 208
넓은 시야가 필요한 이유: 우선순위 결정 · 211
깊은 분석이 필요한 이유: 정확한 원인 진단 · 214

▶ 성공적인 개혁을 위한 필수과정, 공론화 ◀

개혁의 위험을 관리하는 공론화 · 216
공론조사는 공론화가 아니다 · 219
공론화의 실패를 막아주는 열린 논의 · 224
4대 개혁보다 중요한 공공 개혁 · 227
현실을 인정하고 위험을 선택해야 살아남을 수 있다 · 241

― 서문

대한민국은 지금 거대한 변곡점을 지나고 있다. 인구 감소는 더 이상 미래의 일이 아니다. 지방 곳곳에서는 이미 소멸이 진행되고 있으며, 수도권에서도 높은 집값과 경쟁적인 노동 환경 속에서 젊은이들이 결혼과 출산을 포기하고 있다. 단순한 출산율 문제가 아니다. 부양 부담이 급격히 증가하고 있으며, 사회적 불안정성이 커지고 있다.

지금 우리가 당면한 문제의 근본 원인은 부족한 일자리다. 중소기업은 청년들이 선호하는 직장이 아니다. 낮은 임금, 열악한 근무 환경, 불투명한 성장 가능성 때문에 기피 대상이 되었다. 하지만 우리는 대기업의 성장을 견제해야 한다는 인식 속에서 중소기업 확대 정책을 지속해 왔다. 그 결과, 대기업은 부족하고, 중소기업은 경쟁력을 갖추지 못하는 상황에서 청년들은 양질의 일자리를 찾을 수 없게 되었다.

한편, 글로벌 환경도 빠르게 변화하고 있다. 지난 35년간 지속되던 자유무역과 공존의 시대가 끝나고, 각국은 패권 경쟁과 각자도생의 시대로 접어들었다. 유럽은 그간 미국에 대한 안보 의존에서 벗어나 전후 평화주의를 유지해 온 독일에서도 이제 핵무장 논의가 본격화되고 있다. 중국은 이미 많은 산업에서 한국을 추월하고 있다. 한국은 혁신을 주도할 신산업이 부재한 상황에서 기존 산업조차 경쟁력을 위협받고 있다.

이제 '유럽처럼 잘 살 수 있다'는 환상과 '일본처럼 버틸 수 있다'는 착각에서 깨어나야 한다. 유럽은 현실에 안주했고, 그 결과 산업 전환에 실패했다. 환경 보호와 노동권 같은 이상을 앞세운 규제가 기업 활동을 위축시켰다. 그럼에도 유럽은 한국보다 규제 부담이 낮고 내수 시장도 커서 경제가 무너지지 않는다. 일본의 합계출산율은 한국보다 1.6배 높다. 엔화는 글로벌 경제가 불안하면 찾는 안전자산이다. 반면 한국 원화는 되레 회피 대상인 위험자산이다. 인구 감소와 저성장이 경제에 미치는 영향은 일본이 한국보다 훨씬 작다.

그렇다면 우리는 어디로 가야 하는가?

한국의 미래는 다시 경제가 성장할 수 있는지 여부에 달려있다. 시중의 돈이 부동산이 아닌 기업으로 흘러가야 한다. 그래야 좋은 일자리가 많이 생기고, 부동산 가격이 안정된다. 청년들이 일해서 물가 상승보다 더 많이 벌게 되면 집 장만이 쉬워지고, 대출이자 부담도 줄어든다. 이렇게 오늘보다 나은 내일을 기대할 수 있어야, 청년들이 결혼하고 아이를 낳을 수 있다.

내수 시장이 작은 한국이 살길은 제조업과 수출이다. 미국이 급격히 관세를 올리며 보호무역주의로 전환했다고 해서 이 방향이 바뀌지는 않는다. 오히려 기회일 수 있다. 한국 기업은 다른 어느 나라보다 적응 속도가 빠르다. 한강의 기적도 보호무역주의가 팽배하던 1970~80년대에 시작되었다. 독점적 지위를 가진 산업이라면, 관세 부담은 미국 기업이 떠안는다. 만일 중국과 동남아 관세가 한국보다 많이 높아지면 해외로 나간 공장이 다시 국내로 들어올 수도 있다.

이미 AI 중심 4차 산업혁명이 시작되었다. 소프트웨어만으로 미국 거대기업과 경쟁할 수는 없지만, 제조업이란 우리의 장점을 활용하면 상생의 길이 열린다. 중국 기업들은 거대한 보조금을 활용하며 글로벌 시장에서 강한 경쟁력을 갖추고 있다. 하지만 미·중 패권 경쟁으로 인해 중국 기업들의 확장이 견제를 받으면서, 한국 기업들에게는 새로운 기회가 생길 수도 있다.

우리는 다민족 국가로의 전환을 준비해야 한다. 인구 감소는 피할 수 없는 현실이 되었고, 노동력 부족을 해결하고 경제를 유지하기 위해서는 이민을 받아들여야 한다. 지금처럼 단순히 노동력을 채우는 것이 아니라, K-pop처럼 글로벌 인재들이 자신의 꿈을 펼칠 수 있는 환경을 만들어야 한다. 다민족 사회로 가는 길은 한국이 선택할 수 있는 문제가 아니라, 반드시 해야 할 현실이 되었다.

기업 지배구조와 노동 시장, 그리고 공공 부문의 개혁도 더 이상 미룰 수 없다. 자본 시장의 불신을 초래하는 재벌식 기업 지배구조는 전혀 나아질 기미를 보이지 않고 있다. 노동 시장 또한 4차 산업혁명이란 큰 변화를 거부한 채 과거의 사고방식에 머물러 있다. 공공 부문은 인구가 감소하는 와중에도 계속 커지고 있으며 늘어난 각종 규제는 기업의 도전정신을 꺾고 해외로 내몰고 있다.

정치권은 국가의 미래를 고려하기보다 당장 선거 승리에만 몰두하고 있다. 규제 개혁을 외치면서도 해마다 기업의 부담은 늘어나고 있으며, 공무원들은 정권이 바뀔 때마다 쏟아지는 정치적 압박을 피하기 위해 소신껏 일하는 것을 포기했다. 정책은 단기적인 정치적 이익을 위해 활용될 뿐, 국민을 위한 장기적 계획은 실종된 지 오래다. 이렇게 무책임한 정치가 반복되면서, 한국 사회는 점점 더 깊은 침체에 빠지고 있다. 더 이상 국민들은 정치권이 문제를 해결해 주기를 기대할 수 없다.

민주 국가에서 국가의 운명은 국민이 결정한다. 더 이상 자신의 생존에만 목을 매는 정치권만 바라봐서는 지금 한국이 처한 위기를 넘어설 수 없다. 한 나라의 운명은 국민들이 이 문제를 해결하지 못하면 다음은 없다는 온 국민의 절박함에 달려있다. 중요한 것은 꺾이지 않는 마음이다. 그 시작은 좋은 해결 방안을 찾는 것이 아니다. 모두가 공감할 수 있는 문제의 원인을 찾고 개혁 과정에서 발생할 수 있는 위험을 감수하겠다는 마음에 달려있다.

이 책은 대한민국이 지금 어디에 서 있는지를 냉정하게 분석하고, 이러한 현상이 왜 발생했는지를 철저하게 진단하고자 한다. 과거의 방식으로는 더 이상 버틸 수 없다. 가장 당연한 것조차 제로베이스에서 다시 생각해 봐야 한다. 이 책은 대한민국이 어디로 가야 하는지를 함께 고민하는 시작점이다. 대한민국의 미래는 국민 한 사람 한 사람의 선택에 달려있다.

― 저자의 글

관성이란 참 무섭다. 속도가 빨라지고 무거워질수록 더욱 그렇다. 이런 현상은 자연계에만 존재하는 것이 아니다. 정치나 정책처럼 사람이 하는 일에도 존재한다. 한 번 방향이 정해지고 힘을 받으면, 그 흐름을 돌리기가 어렵다. 속도가 붙을수록 사람들의 시야는 오히려 좁아진다. 누군가 "이대로 가면 결국 부서질 것"이라 경고해도, 대부분은 "아직은 괜찮잖아", "적어도 나까지는 문제가 없을 거야"라는 막연한 기대 속에서 현실을 직시하지 않는다.

2020년 2월, 벤처기업협회에서 총선 공약 제안 중 규제 개혁 방안을 발제했다. 하지만 정치권의 반응은 냉담했다. 오히려 차량 공유 서비스 '타다'를 금지하며 벤처업계를 더욱 위축시켰다. 규제 개혁 자문을 위해 벤처기업이 몰려 있는 성수동에 사무실을 열었지만, 도울 일이 많지 않았다. 이미 현장에서는 규제 위험이 있는 신사업보다 기존 사업을 모방하는 것이 일반적인 흐름이 되어있었다. 결국,《스타트업 규제개혁 아젠다》라는 책을 집필한 후, 성수동 사무실을 정리했다.

2022년 7월, 국민의힘 홍석준 의원이 주최한 세미나에서 새 정부의 규제 개혁 방안을 발제했다. 이후 정기국회 증인으로 참석해, 중소기업들이 어려움을 겪고 있는 화학물질 안전규제의 문제점을 지적했다. 같은 당의 규제개혁기획단 활동에도 참여했지만, 정부는 그저 협조하는 시늉만 했을 뿐, 실제로 달라지는 것은 없었다. 당시 기획단을 주도했던 홍 의원은 총선 공천을 받지 못했다. 공천에 도움이 되지 않는 정책에 시간을 쏟았기 때문이다. 정치권에서 정책은 마치 예능 프로그램에 밀려난 교양 프로그램 같다.

2024년 1월, 청년 정치인이 주도하는 개혁신당에 참여했다. 누군가 초대한 것도 아니었지만, 정치권에서 정책에 대한 목소리를 내는 사람이 있어야 한다고 생각했다. 누구도 당선될 것이라 기대하지 않는 끝번호 비례대표를 받았지만, 그럼에도 열심히 참여했다. 총선 이후 당은 내홍에 휩싸였고, 정책은 더 이상 설 자리를 잃었다. 하지만 그들을 탓할 수는 없다. 애초에 한국 정치의 생존 방식이 그런 것이었으니까. 이제 정당 활동을 마감하며 이 책을 쓴다.

더 이상 할 수 있는 것이 없다. 중요한 것은 '꺾이지 않는 마음'이라지만, 마음만으로 되는 일은 아닌 것 같다. 필자는 과거 정부 개혁을 성공시킨 경험이 있다. 2003년 노무현 정부 국무조정실에서 근무하며 지금의 식품안전관리 체계를 설계했다. 그 결실은 이명박 정부의 「식품안전기본법」 통과, 박근혜 정부의 식품의약품안전처 신설로 이어졌다. 그때도 많은 분들이 함께 마음을 모았다.

지금 필요한 국가 시스템 개혁은 그때보다 훨씬 더 큰 과제다. 더 많은 사람들이 뜻을 함께 모아야 한다. 이 책에 담긴 생각을 비판하며 더 좋은 아이디어들이 더 많이 모여야 한다. 어쩌면 이 과제는 우리 세대가 아니라 다음 세대의 몫일지도 모른다. 그만큼 한국에 시간이 남아있었으면 좋겠다.

2025년 4월 4일
곽노성

　　　　　　곽노성 교수님께서 처음 이 프로젝트를 제안해 주셨을 때 정말 영광스럽고 설레었다. 우리나라의 문제를 해결하고 변화를 만들어 보고 싶어서 정치에 참여하면서 감사하게도 많은 것을 얻었는데, 교수님과 이렇게 좋은 프로젝트를 함께할 수 있게 된 것은 나에게 큰 행운이다.

　이렇게 들뜬 마음으로 시작한 프로젝트를 진행하면서 이내 마음이 많이 무거워졌다. 국제정세가 급변하고 있고, 우리가 처한 상황이 정말 어려운데 정작 대한민국호의 키를 쥐고 있는 정치인들은 한가하게 거리에 나와있기 때문이다. 국민들도 진지하게 미래를 걱정하는 목소리에 관심을 두지 않고, 콜로세움의 검투사들이 펼치는 스펙타클에 시선이 고정되어 있다.

　다 먹고 살기 힘들어서 벌어지는 일인지도 모른다. 당장 다음 달에 내야 할 대금을 걱정하는 사람들의 IQ는 평균보다 한 표준편차 낮게 나타난다고 한다. 당장 어떻게 될지 모르는 사람들은 앞을 바라보거나, 주변을 둘러보거나, 생각이라는 것을 해볼 여력이 없다. 모두가 고개를 숙이고 땅이 꺼지지는 않을까 바닥만 바라보고 있기 때문이다.

희망과 이성의 자리는 이제 불안, 공포, 외로움, 불신, 그리고 혐오가 채우고 있다. 그리고 우리 정치권은 이를 동력 삼고 있다.

개혁을 위해서는 익숙함과 결별할 수 있는 용기, 이성적으로 문제를 바라볼 수 있는 냉철함, 과정의 고통을 이겨낼 수 있는 인내를 가진 정치인들이 많이 필요하다. 그런 정치인들을 많이 배출하려면 문제 인식과 해법에 대해 공감하는 이들이 많이 서포트를 해줘야 한다. 이 책이 그런 공감대를 형성하는 데 조금이나마 역할을 해주기를 바란다.

2025년 4월 4일
정인성

지속 불가능한 대한민국

미래의 묵시록,
인구 소멸이 불러올 재앙

◆ '세계 최초의 소멸 국가' 탄생

"한국이 이 문제를 성공적으로 해결한다면 전 세계의 본보기가 될 것이지만, 실패할 경우 세계 최초로 인구 소멸을 맞이하는 국가가 될 수 있다."

세계적인 인구학자 데이비드 콜먼 교수는 최근 한국을 방문해 대한민국 저출산 문제에 대해 이렇게 말했다. 테슬라 CEO 일론 머스크도 "한국이 홍콩과 함께 세계에서 가장 빠른 인구 붕괴(Population Collapse)를 겪고 있다"면서 "3세대 안에 인구수가 현재의 6% 미만으로 떨어질 것"이라는 전망을 내놓았다.

전 세계가 주목하는 소멸 국가의 모델로 손꼽힐 정도로 우리나라의 저출산 문제는 절망적인 수준이 되어버린 지 오래다.

그렇다면 대한민국 종말의 시나리오는 현재 어떤 수준이며, 어떤 모습으로 진행되고 있을까?

◈ 2024년 합계출산율 0.75의 의미

대한민국 합계출산율은 2024년 기준으로 0.75명이다.

매우 심각한 수치라는 것은 모두가 알지만, 대체 어느 정도로 심각한지에 대해서는 체감이 다를 수 있다. 하지만 이를 단순히 '1명보다 조금 적으니 0.75%가 줄어드는 거 아냐?'라고 생각하면 오산이다.

합계출산율은 여성 한 명이 가임기간(15~49세) 동안 낳을 것으로 예상되는 평균 출생아 수를 나타낸 지표다. 따라서 합계출산율이 0.75명이라는 것은 현재 200명(남성 100명, 여성 100명)이 있다고 보면 이들이 75명의 아이를 낳는다는 뜻이다. 그리고 출산율이 변동 없이 그대로 유지되고 72명의 성별이 동수라 가정했을 때, 이 아이들은 28명의 아이를 낳는다는 계산이 나온다. 두 세대 만에 인구가 약 14%로 줄어들게 되는 것이다.

〈뉴욕타임스〉에 따르면, 이러한 인구 감소율은 "14세기 흑사병이 유럽에 몰고 온 인구 감소를 능가하는 것"[*]이라면서 "한 세대가 더 교체되면 스티븐 킹의 소설 《스탠드(The Stand)》[**]에 나오는 가상의 슈퍼독감으로 인한 급속한 인구 붕괴 수준이 된다"고도 적었다.

그리고 이렇게 급감하는 미래 세대가 마주할 현실은 너무나도

---

[*] 학계에서는 당시 흑사병으로 유럽 인구의 절반이 사망한 것으로 추정한다.
[**] 1994년 미니 시리즈로도 제작되었는데, 우리나라에서는 〈미래의 묵시록〉이라는 제목으로 방영되었다.

절망적이다.

◆ 2040년 부양 부담 75% 증가

경제 활동을 할 수 있는 나이를 '생산가능인구'라고 한다. 15세부터 64세까지의 사람들이 여기에 포함되며, 이들은 학교를 졸업하고 일을 시작해 세금을 내고, 경제를 이끄는 역할을 한다. 반대로, 어린이(14세 이하)와 노인(65세 이상)은 주로 부양을 받는 대상이다.

당연한 이야기지만, 출산율이 줄고 고령화가 진행되면 생산가능인구의 비중이 줄고, 부양을 받는 대상은 늘어날 수밖에 없다.

주요 연령 계층별 인구구성비 변화

연도	0-14세	15-64세	65세 이상
1960	42.3	54.8	2.9
1980	34.0	62.2	3.8
2000	21.1	71.7	7.2
2022	11.5	71.1	17.4
2040	7.7	58.0	34.3
2072	6.6	45.8	47.7

출처: 장래인구 추계(2022~2072년), 통계청, 2023.12.

2022년 기준으로 생산가능인구는 전체 인구의 71.1%를 차지했다. 이는 생산가능인구 한 명이 평균적으로 0.4명을 부양함을 의미한다. 그런데 2040년이 되면, 이 수치가 0.72명으로 크게 늘어난다. 이는 인당 부담이 80% 증가한다는 의미다. 불과 18년 사이에 말이다.

"나는 결혼도 안 했고, 부모님도 노후 준비가 잘 되어있어서 도와줄 필요가 없다"며 안도하는 사람이 있을 수 있다. 하지만 개인의 부양의무가 없다고 해서 사회적으로 함께 지고 가야 할 부양의무가 없는 것은 아니다. 2022년 기준, 노인 빈곤율 39.7%로 OECD 38개국 중 압도적 1위를 자랑하는 대한민국에서 빠른 고령화는 의료와 연금 등의 사회복지 시스템 운영비용의 가파른 상승으로 이어질 수밖에 없다.

그리고 이 비용은 모두 누군가의 세금으로 충당해야 한다.

◆ **다가올 역성장과 디플레이션**

문제는 초저출산과 고령화의 인구구조 변화가 불러올 역성장(Degrowth)*이다.

한국경제연구원에 따르면, 생산가능인구가 1% 감소하면 GDP(국내총생산)는 약 0.5% 줄어들고, 피부양인구가 1% 증가하

---

* 경제가 성장하지 못하고 오히려 수축하는 현상

면 GDP는 약 0.17% 줄어든다고 한다. 이를 우리나라의 인구구조 변화에 대입하면 우리는 매년 GDP가 -1.23%씩 줄어들게 된다. 한국은행도 비슷한 예측을 내놓으며, 2042년부터 한국 경제가 역성장을 시작할 것이라고 경고했다. 이러한 역성장의 수치가 중요한 것은 아니다. 하지만 한국 경제가 디플레이션에 진입한다는 신호라는 점에서 경각심을 가져야 한다.

많은 사람들이 물가가 오르는 인플레이션을 걱정하지만, 사실은 물가가 떨어지는 디플레이션이 더 무섭다.

인플레이션의 경우, 원자재 공급이 줄어들거나 경기 둔화와 함께 발생하는 스태그플레이션(Stagflation), 통제를 벗어난 수준의 하이퍼인플레이션(Hyperinflation)이 아니라면 경기 호황의 신호로 받아들일 수 있다. 물가가 오르면 사람들은 '오늘 사는 게 내일보다 싸다'고 생각해 소비를 늘린다. 기업은 소비자 수요에 맞춰 생산과 투자를 늘리고, 직원을 고용한다. 이런 경우에는 물가가 올라도 소득과 생산이 그만큼 늘었기 때문에 큰 문제가 없다.

하지만 물가가 떨어지는 디플레이션(Deflation)은 완전히 다르다. 사람들은 '나중에 사면 더 싸게 살 수 있다'고 생각해 소비를 미루고, 기업 매출이 줄어들어 직원 해고와 투자 감소가 이어진다. 시장에서 돈이 빠져나가거나 증발하다 보니 수요는 더 줄어들고, 물가도 그만큼 떨어지는 악순환이 계속된다.

경제의 역성장은 디플레이션으로 이어질 수밖에 없다. 사람들이 '앞으로 돈을 더 적게 벌게 될지도 모른다'는 불안감에 돈을 쓰지 않을 것이기 때문이다. 한 번 이런 상황에 빠지면 회복이 어렵다. 경제가 침체되면, 사람들이 돈을 더더욱 쓰지 않으려 하기 때문이다.

일본의 '잃어버린 30년'도 저출산 고령화로 인한 인구구조에 기인했다. 그런 일본도 합계출산율이 1.2명대로 떨어진 후 30년 동안 그 수치를 유지하고 있다. 그만큼 우리가 마주할 역성장과 디플레이션의 충격이 어느 정도일지 가늠하기 어렵지 않다. 인구 감소로 시작될 히로시마와 나가사키에 떨어진 원자폭탄의 충격처럼 세계 역사상 유례없는 수준의 퍼펙트 스톰(Perfect Storm)*이 한국 경제에 들이닥칠 가능성이 점점 높아지고 있다. 우리는 이런 상황에 대비해야 한다.

* 여러 가지 악재가 겹치면서 나타나는 심각한 경제위기

빈곤한 노인 세대를 책임질 빈곤한 2030

◆ **양극화란 프레임에 갇힌 한국**

오랜 기간 경제적 양극화는 대한민국 모든 사회 문제의 원흉처럼 여겨져 왔다. 2021년 입소스(Ipsos)의 글로벌 서베이에서 대한민국의 빈부 간 갈등 체감률이 전 세계 1위를 차지하기도 했었다. 그렇다면 사람들이 체감하는 만큼 우리나라의 양극화가 심각한 수준일까?

보통 양극화를 측정할 때 지니계수(Gini Coefficient)라는 것을 사용한다. 저소득층과 고소득층의 비율을 통해서 소득 불평등 수준을 계산하는데, 0에 가까울수록 소득 분배가 평등하고, 1에 가까울수록 불평등함을 의미한다. 2020년 기준으로 OECD 33개국의 시장소득 지니계수를 비교해 보면, 우리나라는 0.405를 기록해 세계에서 2번째로 낮게 나타났다. 북유럽 국가인 스웨덴(4위), 노르웨이(6위)보다도 평등하게 나타났다. 정부가 세금을 걷은 후 가처분소득 기준으로 순위를 매기면 한국은 0.331로 OECD 국가 중 24위로 떨어지기는 하지만 그래도 나쁘지 않다. 호주(0.318), 독일(0.303), 이스라엘(0.34)과 비슷한 수준이다.

양극화가 심해진다는 세간의 인식과 달리, 실제 소득 격차는 줄어들고 있다. 중산층 기준인 '중위소득 50~150%'에 해당하는 인구 비중이 시장소득 기준으로 증가하고 있다. 정부가 개입한 이후 처분가능소득 기준으로 보면 증가세가 더 뚜렷하다. 오히려 처분가능소득 상위 20%의 비중은 해가 갈수록 낮아지고 있다.

자산 양극화도 다른 나라에 비해 크지 않다. 세계불평등연구소는 상위 10%와 하위 50% 간 자산을 비교해서 불평등 지수를 계산한다. 한국의 불평등 지수는 52.04다. 미국(235.81), 독일(89.32), 프랑스(60.8)보다 낮은 수치다. IMF 외환위기 이후 빠르게 확대되던 상위 10%의 자산 비중은 2005년을 기점으로 정체 상태에 접어들었다.

그럼에도 불구하고 많은 사람들이 불평등을 빈부 갈등을 체감하는 주된 이유는 부동산 가격의 상승에 있다. 2023년 서울의 아파트 전세 평균은 6.5억 원이다. 서초구는 12.5억 원이나 된다. 월 소득이 7백만 원이 넘는다고 감당할 수 있는 수준이 아니다. 부모의 도움이 없으면 자기 집은 고사하고 서울 아파트에서 살기도 어렵다. 대기업 맞벌이를 한다고 해도 해결할 수 있는 수준이 아니다. 때문에 이들은 소득 상위층에 있음에도 불구하고, 스스로를 불평등한 사회에서 사회적 박탈감을 느끼며 살아가는 중산층으로 여긴다. 이런 현상인 세대가 젊을수록 점점 더 심해진다.

하지만, '양극화'라는 프레임에 가려진 더 큰 문제가 존재한다.

◆ 대책 없는 노인 빈곤

'노인을 위한 나라는 없다'고 하지만, 한국만큼 심각한 나라는 드물다. 노인이 된다는 것은 빈곤층에 들어섰다는 것과 크게 다르지 않다.

빈곤율은 전체 가계 중에서 중간소득을 얻는 가계소득의 절반 이하를 버는 가계의 비중을 측정한다. 100명 중 50번째처럼 중간값을 사용하기 때문에 초고소득자의 영향을 받지 않는다. 2022년 기준 우리나라의 빈곤율은 14.9%로 프랑스(8.3%), 캐나다(11.9%)보다 높고 미국(18.1%)보다는 낮다. OECD 국가 중에서 빈곤율이 높은 편에 속하는 것도 아쉽지만, 더 큰 문제는 노인 빈곤율이다. 우선 절대값(39.7%)이 제일 높다. 전체 빈곤율(14.9%)과 노인 빈곤율(39.7%)의 격차 또한 제일 크다. 우리보다 빈곤율이 높은 미국조차 노인 빈곤율(23.1%)은 우리보다 훨씬 낮다.

OECD 회원국의 국가 전체 빈곤율과 노인 빈곤율 비교

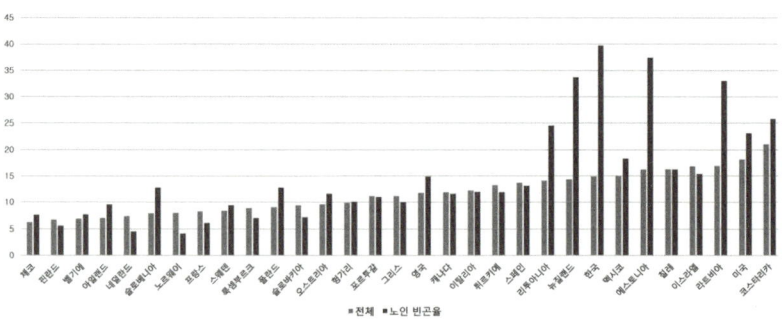

출처: OECD 데이터(불평등-빈곤율, 2025.3.)

특히 세대별 노인 빈곤율의 차이가 매우 크다. KDI(한국개발연구원) 이승희 박사에 따르면, 1940년대생과 그 이전 출생 세대의 노인 빈곤율은 40% 이상이다. 반면에 50년대생은 30% 이하이다. 그 격차가 16.7%에 달한다. 이런 현상이 발생하는 이유는 출생 세대별로 총소득이 다르기 때문이다. 우리나라는 고속 성장기를 거쳤다. 젊었을 때 가난하다가 중년에 고속 성장기를 맞이한 세대와 청년 세대부터 고속 성장을 하기 시작한 세대는 총소득에서 차이가 날 수밖에 없다. 국민연금이 1988년 시작되었기 때문에 첫 직장생활을 하면서 연금에 가입한 세대와 그렇지 못한 세대는 받을 수 있는 연금액수에서 차이가 난다.

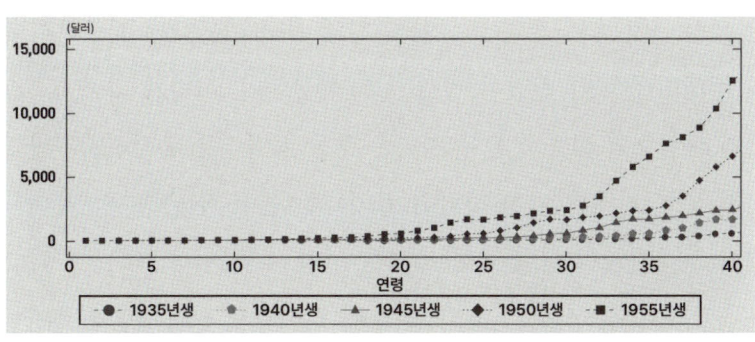

출처: 소득과 자산으로 진단한 노인 빈곤과 정책 방향(KDI Focus, 이승희, 2023.9.)

소득만으로는 은퇴자의 경제 상황을 제대로 파악하기 어려운 한계가 있어 부동산과 같은 자산을 고려한 빈곤율을 계산하기도 한다. 계산 방법에 따라 차이가 있기는 하지만 빈곤율이 7~14%까지 감소하기는 한다. 하지만 이렇게 자산을 소득화해도 우리나라의 노인 빈곤율은 다른 나라에 비해 여전히 높다.

현재 이들이 보유한 부동산이 과연 노후자산으로 충분한 가치를 제공할 수 있을지도 의문이다. 주택을 담보로 연금을 지급하는 주택연금 제도가 있다. 이 제도를 운영하는 주택금융공사에서는 주택 가격이 하락해도 부실이 발생하지 않을 것이라고 홍보한다. IMF 사태와 같은 폭락 상황까지 감안한 것이라 문제가 없다고 한다. 과연 그럴까?

주택연금 지급액은 가입한 시점의 주택 가격에 비례하여 산정한다. 하지만 초저출산은 기존의 주택 가격을 방어하기 어렵게 만들 것이다. 이용만 한성대 교수에 따르면 인구가 감소하더라도 1인 가구가 증가해서 2040년까지는 가구수가 늘 것이라고 한다. 하지만 2050년에는 인구 감소와 함께 전체 가구수도 함께 감소하여 전체 주택의 13%가 빈집이 될 것으로 예상한다. 이렇게 되면 수도권처럼 사람들의 선호가 높은 지역은 부동산 가격을 유지하겠지만 그렇지 못한 지역은 가격 하락이 불가피하다. 정작 금융자산이 부족해서 주택연금이 더 필요한 사람은 지방 소멸을 걱정하는 지역 거주 노인일 가능성이 더 높다. 이들에게 지급한 주택연금은 회수하지 못할 가능성이 매우 높고, 이는 고스란히 다음 세대의 빚으로 남게 된다.

◆ 미래를 거세당한 2030

베이비붐 세대, 한국에서 자산 축적의 기회가 많았던 세대였다. 1차 베이비붐 세대(1955~1963년생)는 고도 성장기에 경제 활동을 시작했고, 부동산 가격 폭등을 경험했다. 앞세대와 다르게 국민연금도 납부했다. 고용이 안정되고 부동산 가격이 상승한 2차 베이비붐 세대 (1964~1974년대생)도 나쁘지 않았다. 이런 고도 성장기에는 물가 상승보다 소득 증가가 빨라 자산을 축적할 기회가 많기 때문이다.

2030 세대는 상황이 다르다. 그들은 자산 축적은 고사하고 이미 빈곤에 빠져있다. 나아질 기미도 보이지 않는다.

〈한국의 사회동향(통계청, 2023)〉에 따르면, 전 세대를 통틀어 20대 가구의 소득만 유일하게 감소하고 있다. 2021년 기준 20대의 소득은 2018년보다 7.4% 감소했다. 반면 30~50대는 약 10% 증가했고, 60대 이상은 22.5% 늘었다.

소득이 줄기 때문에 자산이 축적될 리 없다. 2023년 서울시 조사에 따르면, 청년 자산 빈곤율은 55.6%에 이른다. 중위소득 3개월치에 해당하는 4,761만 원 미만의 자산을 가진 청년이 절반을 넘는다. 청년의 4분의 1은 생활비가 부족해 어려움을 겪고 있고, 절반 가까이는 부모의 지원을 받으며 생활한다. 청년의 3분의 1이 우울증을 경험하고 있다. 학자금 대출 회수가 불가능한 사례도 2018년 대비 2022년에 7배 급증했다.

그 결과, 구직 활동을 포기하고 그냥 쉬는 청년이 늘고 있다.

2024년 7월 기준으로 그냥 쉬는 15~29세 청년이 역대 최고 수준인 44.3만 명이었다. 10대는 고등학생이니 사실상 이들은 모두 20대라 봐도 무방하다. 청년인구는 줄어드는데, 쉬는 청년은 늘고 있다. 경제 침체, 특히 괜찮은 일자리가 줄었기 때문이다. 기업이 신규 채용을 꺼리면 노동 시장에 진입하는 20대는 저소득 단기 일자리에 의존할 수밖에 없다. 이런 일자리는 시간이 지나도 소득이 크게 늘지 않는다. 자산 축적 이전에 생계 유지가 어렵다.

 높은 소득의 청년들이라 하더라도 상황은 여의치 않다. 국내총생산(GDP)에서 개인소득세의 비중이 점점 높아지고 있기 때문이다. 2009년 3.2%이던 비중이 2022년 6.6%로 두 배 넘게 늘어났다. 1988년 2.7%였다는 점을 감안하면 최근 증가속도가 가파르다. 개인소득세가 전체 세금에서 차지하는 비중도 커지고 있다. 1989년(20.0%)에 최고치를 찍은 후 2003년(12.6%)까지 줄어들었지만, 2022년(20.5%)에는 다시 최고치를 넘어섰다. 물론 개인소득세가 GDP나 전체 세금에서 차지하는 비중 모두 아직 OECD 평균보다 낮아 한국의 세금 부담이 특별히 높다고 할 수는 없다.

 문제는 세금 부담이 커지면 젊은 세대가 자산을 축적하기 더 어려워진다는 점이다. 과거에는 같은 소득으로 더 많은 저축이 가능했지만, 이제는 상당 부분이 세금으로 빠져나가면서 저축할 여력이 줄어들고 있다. 게다가 불안한 마음으로 이미 가격이 폭등한 집을 사기 위해 많은 빚을 진 경우에는 이자 부담도 크다. 결국 부모가 부자인지 여부가 청년 세대의 부에 절대적 영향을 미친다.

 이렇게 되면 지금도 논란인 상속세 문제가 앞으로 더 크게 이슈화될 것이다. 베이비붐 세대는 "우리는 이미 세금을 냈는데 왜 또 내야 하느냐"고 주장할 수 있다. 반면, 젊은 세대는 "그때와 지금 내는 세금 부담이 다르다. 상속세를 낮추면 결국 자신의 능력보다 부모를 잘 만난 사람이 부자로 살아가는 부의 대물림이 고착될 것"이라며 반대할 것이다. 상속세가 본질은 아니다. 원인은 경제 성장이 약해지면서 근로소득은 늘지 않는데 시중에 돈은 많이 풀려 부동산 가격과 물가, 대출금리를 올렸기 때문이다.

저출산을 대하는 우리의 자세

⋯ 충격과 공포의 저출산 대책

'재미있고 신나게 따라 해요!! 쪼이고! 쪼이고! 서울시 시민건강 출생 장려 국민댄조(댄스+체조) 한마당'

대한민국의 모든 문제를 하나의 행사명으로 표현한다면 저 문구일 것이다. 서울 한복판에서 벌어진 이 행사는 서울시의회에서 주도하고 서울시에서 승인한 공식행사. 서울시민의 피 같은 세금이 들어갔고, 서울시장을 포함해 서울의 내로라하는 인사들이 참여했다.

영상을 찾아보면 더 기괴하다. 출산율 제고에 더 이상 기여할 신체능력이 없을 것으로 보이는 어르신들이 단체로 괄약근을 조이는 댄조(댄스+체조)를 추고 있었다. '쪼이고'라는 표현의 천박함과 '댄조'라는 단어의 조악함은 차치하고, 영상으로 접한 그 장면은 멀쩡한 청년들의 출산의지는 물론 성욕마저도 떨어뜨릴 것 같은 기괴한 광경이었다.

더 놀라운 것은 이 행사를 주최한 시의원이 '맨발걷기 및 국민댄조를 통한 시민건강증진 활성화'를 명목으로 보건복지부장관상을 받았다는 점이다.

빈곤에 허덕이는 청년 세대 앞에서 노인들이 음악에 맞춰 괄약근을 조이는 모습을 보여주면 출산율이 올라갈 것이라는 비과학적인 접근이다. 여기에 투입된 세금과 중앙정부에서 내린 포상은 대한민국이라는 국가에 대해 정말 많은 것을 이야기해 준다.

⋯▶ '출산율'이라는 코끼리

"코끼리는 생각하지 마."

'프레임 이론'의 창시자인 미국의 언어학자 조지 레이코프의 책 제목은 단 한 줄로 프레임의 특징을 설명한다. 코끼리라는 주제를 누군가 꺼내는 순간 우리의 머릿속에는 코끼리라는 프레임이 작동하여 코끼리를 중심으로 한 사고를 하게 된다. 코끼리를 생각하지 말라고 하는 것조차도 코끼리라는 프레임 안에서 이야기하는 것이 된다.

앞서 이야기한 출산율도 마찬가지다. '저출산으로 인해서 국가가 소멸한다고 하는데, 출산율 대책을 세워야 하는 것 아닌가?' 하는 생각이 드는 것은 인지상정이다. 그러면 '출산율'이라는 단어를 중심으로 정책을 설계하기 시작한다. 돈을 주겠다, 아이를 돌봐주겠다, 집을 주겠다, 청약특혜를 주겠다, 육아휴직을 강제해 주겠다 같은 각종 지원 정책이 나온다. 실제로 저출산과 무슨 관계가 있는지조차 알 수 없는 각종 분야 예산 집행까지 저출산 정책으로 끌어다 넣는다. 2006년부터 2023년까지 18년 동안 무려 380조 원이라는 막대한 예산을 쏟아부었고 그 결과는 0.75라는 수치로 돌아왔다.

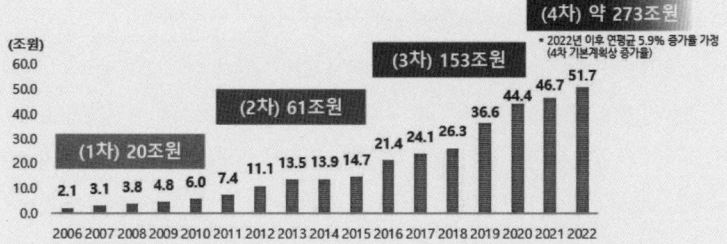

출처: 2022 회계연도 결산 주요 사업 분석(2023.7, 국회예산정책처)

이런 일이 발생하는 이유는 출산율이라는 프레임에 갇혀서 사고하기 때문이다. 출산율은 수많은 사회 문제가 복합적으로 얽혀서 만들어 낸 결과물이다. 합계출산율만 바라보고 정책을 설계하는 것은 배에 구멍이 나서 물이 들어오는데, 구멍을 막을 생각을 하지 않고 물만 열심히 퍼내는 것이다. 그러다 보니 나중에는 주객이 전도되어 출산율과 전혀 관계없는 정책에도 출산율 대책으로 포장하는 경지에 이른다. 출산율 문제 해결을 위해 얼마나 노력했는지를 성과지표로 삼기 때문이다. '국민댄조'라는 괴물은 그러한 맥락에서 탄생했다.

나무만 바라보다 숲을 보지 못하는 수가 있다. 우리가 진정으로 저출산 문제를 해결하기 위해서는 저출산 문제에서 벗어나야 한다. 대한민국의 지속 가능성을 저해하는 모든 것들의 원인을 분석하고 그 근본부터 바로잡아야 한다. 그렇게 하고서 출산율에 어떤 변화가 있었는지 확인하면 된다. 냉정하게 생각해 보면 자살률이 OECD 국가 중 압도적 1위를 차지하는 나라에서 새 생명이 왜 태어나지 않는지 고민하는 것 자체도 어불성설이다.

⋯ 비과학과의 전쟁

진단이 잘못되면 처방이 잘못될 수밖에 없다. 특히 문제를 진단함에 있어서 감정이 개입되면 객관적인 판단이 어려워진다.

하지만 어느 때보다 기술의 발전속도가 빠른 오늘날 우리 정치권에서 논리는 실종되고 비과학이 판치고 있다. 국민정서 혹은 여론에 편승해 허점투성이 정책을 만들어 내는 것은 물론이고, 이미 답을 정해놓고 통계를 거기에 맞춘 보고서를 만들어 내기도 한다. 급기야 정치인들이 전문가나 참모진보다 유튜버의 말을 듣고 행동하는 지경에 이르렀다.

청년들의 상황이 어떤지 데이터를 조금만 분석해 보고, 조금만 과학적인 사고를 하는 사람들이 정치를 한다면 댄조와 같은 정책이 나올 수 없다. 대한민국 미혼 남녀의 연애 비율은 30% 정도밖에 안 되고, 20대 남성의 섹스리스 비율이 60대보다 높은 나라가 대한민국이다. 젊음을 바쳐서라도 좋은 일자리를 구할 수 있을까 말까 하는 상황 속에서 희망이 없으니 사랑마저 놓아버리게 된 것이다. 왜 모르겠는가, 가난하기 때문에 이 모든 것을 버려야 한다는 것을.

영화 〈매트릭스(Matrix)〉에서처럼 이제는 진실의 약을 먹고 프레임을 벗어나 현실을 바라봐야 한다. 현실을 바라보고 냉정해져야 한다. 앞으로 이념의 전장은 '과학 vs 비과학'으로 설정될 것이다. 고통스러운 진실을 바라보고 해결하는 사람과 그것을 외면한 채 댄조를 추는 사람 중 여러분은 어떤 사람을 선택할 것인가?

저주의 시작, IMF

◆ IMF의 망령 (1) - 각자도생의 시작

1997년, 한국은 큰 경제위기를 겪었다. 아시아 여러 나라의 화폐 가치가 급격히 하락하면서 외국자본이 빠져나갔고, 한국도 외환 부족에 직면했다. 당시 한국은 외화로 빌린 부채가 많았는데, 이를 갚을 외환이 부족해지자 결국 국제통화기금(IMF)에 도움을 요청했다. IMF는 약 580억 달러를 지원하는 대신, 한국 경제의 구조 조정을 요구했다. 주요 조건으로는 문제 있는 기업과 금융기관을 정리하고 경제를 투명하게 운영하라는 내용이 포함됐다. 이 과정에서 많은 기업이 도산했고, 실업자가 급증하면서 국민들의 생활이 어려워졌다.

이런 위기 상황에서 우리 국민들은 어려움을 극복하기 위해 힘을 모았다. 그중 가장 잘 알려진 사례가 '금 모으기 운동'이다. 외화를 확보하기 위해 많은 국민이 집에 보관하던 금을 자발적으로 내놓았으며, 석 달 동안 약 351만 명이 참여해 부족한 외화의 10%를 마련했다. 이 운동은 전 세계에 한국 국민의 단결력을 보여준 사례로 기억된다. 동시에 정부도 금융 시스템 개혁과 기업의 구조 조정을 추진하며 경제 안정화를 위해 노력했다. 그 결과, 한국은 2001년 8월 IMF에 빌린 돈을 모두 상환하고 구제금융 프로그램을 종료하면서 위기를 빠르게 극복한 성공 사례로 평가받았다.

하지만 이러한 단기적 회복의 이면에는 불가역적 사회 변화와 부작용을 남겼다.

먼저 해고 불안이 사회에 깊이 뿌리내렸다. 구제금융 이후 대규모 구조 조정이 이어지면서 실업률은 1999년 2월 기준 8.9%까지 급등했고, 이후에도 쉽게 줄어들지 않았다. '평생직장'이란 개념이 사라지고, 해고는 개인의 파멸뿐 아니라 가정의 해체로까지 이어지는 심각한 문제로 자리 잡았다. 특히, 2009년 쌍용자동차 정리해고 사태를 겪으면서 '해고는 살인'이라는 말이 나올 정도로 해고에 대한 공포가 사회 전반에 깊이 자리를 잡았다.

해고에 대한 두려움은 안정적인 면허 직업에 대한 선호로 이어졌다. 가장 안정적이고 고소득 직군으로 분류되는 의사 직군이 대표적이다. 의대 경쟁률이 급상승했고, 시간이 흐르면서 약대와 수의대로 확산했다. 현재 지방대 약대의 수능성적이 서울대 공대와 비슷한 수준에 이르렀다. 그리고 이러한 쏠림 현상은 산업 발전에 부정적인 영향을 미쳤다. 인재들이 이공계를 기피하고, 일명 '의치한약수'로 불리는 의학계열로 몰리면서 KAIST 등 4개 과학기술원조차 의대 지원을 위해 학업을 중단하는 경우가 급증하고 있다. 과학기술 연구에 정진할 우수한 인력들이 사라지면서 대한민국 과학기술 경쟁력도 그만큼 타격을 입었다.

정치권이 나서 해고를 최대한 억제하도록 개편한 노동 제도는 경제 전반은 물론 청년 일자리에 큰 부담으로 작용했다. 일자리 보호가 심하면 기업은 해고 비용을 걱정해서 고용을 기피한다. 먼저 취업하는 것이 중요하다. 한번 자리를 잡으면 설령 나보다 더 일을 잘할 수 있다고 해도 걱정을 하지 않는다. 이는 청년 세대일수록 취업이 점점 더 어려워지는 것을 의미한다. 자연스레 기업의 생산성 개선도 어렵다.

◆ IMF의 망령 (2) - 잃어버린 공동체

IMF 사태는 고용에 대한 관점뿐 아니라 황금만능주의를 보편적 가치로 자리 잡도록 만들었다. 2021년 미국의 싱크탱크 퓨리서치센터(Pew Research Center)가 17개 선진국 시민들을 대상으로 "당신의 삶을 의미 있게 만드는 가치는 무엇인가(What makes life meaningful?)"라는 주제로 설문조사를 했다. 이 조사에서 우리나라가 17개국 중 유일하게 '물질적 풍요(Material Well-being)'를 중시하는 것으로 나타났다.

국가별 삶의 의미 요인 순위(상위 5개 요인)

국가	1순위	2순위	3순위	4순위	5순위
호주	가족	직업	친구	물질적 풍요	사회
뉴질랜드	가족	직업	친구	물질적 풍요	사회
스웨덴	가족	직업	친구	물질적 풍요/건강	
프랑스	가족	직업	건강	물질적 풍요	친구
그리스	가족	직업	건강	친구	취미
독일	가족	직업/건강		물질적 풍요/전반적 긍정	
캐나다	가족	직업	물질적 풍요	친구	사회
싱가포르	가족	직업	사회	물질적 풍요	친구
이탈리아	가족/직업		물질적 풍요	건강	친구
네덜란드	가족	물질적 풍요	건강	친구	직업
벨기에	가족	물질적 풍요	직업	건강	친구
일본	가족	물질적 풍요	직업/건강		취미
영국	가족	친구	취미	직업	건강
미국	가족	친구	물질적 풍요	직업	신앙
스페인	건강	물질적 풍요	직업	가족	사회
대한민국	물질적 풍요	건강	가족	전반적 긍정	사회/자유
대만	사회	물질적 풍요	가족	자유	취미

출처: 퓨리서치센터(Pew Research Center), "What Makes Life Meaningful? Views From 17 Advanced Economies", 2021년 봄 글로벌 태도 조사.

IMF 이전에는 부를 과시하거나 부자임을 드러내는 것이 부정적으로 여겨졌다. 하지만 IMF 위기 이후 경제적 안정에 대한 열망이 커지면서 '돈이 많아야 안심할 수 있다'는 인식이 확산했다. 이를 상징적으로 보여주는 사례가 2002년 비씨카드의 "여러분, 부자 되세요"라는 광고였다. 전통적인 덕담이었던 "건강하세요", "오래 사세요"라는 말은 밀려났고, 부자가 되는 것 혹은 부자처럼 보이는 것이 사회의 최우선 목표로 자리 잡았다. 이러한 열풍은 결과적으로 약

200만 명에 달하는 신용불량자를 양산했다.

돈과 생존이 제1 가치가 되면서 공동체보다는 개인의 이익을 우선시하는 문화도 팽배해졌고, 사회 갈등과 분열이 심화되었다. 2022년 엠브레인의 조사에 따르면, 응답자의 81.7%가 한국 사회의 갈등이 심각하다고 답했다. 갈등의 주요 원인으로는 '자기 입장만 주장하기 때문(77%)', '목소리를 크게 내야 손해를 보지 않기 때문(74.5%)', '서로의 의견을 듣지 않기 때문(74.0%)', '서로 양보하지 않기 때문(70.5%)' 등이 지목되었다.

개인의 이익을 우선하는 경향이 점점 강해지면서 '상대적 박탈감(Relative Deprivation)'이 커졌고, 자신과 특별한 이해관계가 없더라도 누군가에게 이익이 생기는 일은 절대 보지 못하는 '크랩 멘탈리티(Crab Mentality)'*가 법과 제도에 반영되기 시작했다. 1999년 헌법재판소의 판결로 군 복무 가산점 제도를 폐지한 것이 대표적 사례다. 군 복무를 이행하지 않으면 취업이 제한되지만, 병역 의무를 다해도 보상은커녕 손해를 보는 볼 수밖에 없는 구조가 형성된 것이다. 여성이 '사회적 약자'로 규정되는 것이 당연시되었다. 이러다 보니 병역 의무가 없고 사회적 약자라고 인식된 여성이 상대적으로 취업 등 사회 진출에서 유리해졌다. 취업이 상대적으로 용이했던 판결 당시에는 그리 큰 문제로 인식되지 않았다. 그런데 이후 청년 취업 문제가 심화되면서 이제는 2030 세대 남녀 갈등의 중

---

* 양동이에 게를 한 마리만 담아두면 알아서 기어 올라가지만, 여러 마리를 담아두면 한 마리가 나가려고 할 때, 다른 게들이 그 게를 잡고 끌어내려 결국 아무도 못 나가게 하는 습성에서 비롯된 이론

요한 도화선 중 하나가 되었다.

◆ IMF의 망령 (3) – 집단이기주의

상대적 박탈감과 크랩 멘탈리티는 집단이기주의로 이어졌다. 청년 일자리 부족과 성장동력 부재로 광역시 최초로 '소멸위험 지역'이 되어버린 부산에서는 1966년에 설립된 향토기업이자, 국내 5위의 철강회사 YK스틸이 주변 아파트 민원 때문에 2027년까지 타 지역으로 이전해야 한다. 나중에 굴러온 아파트가 박힌 산업기반을 밀어낸 것이다.

GS건설은 고양시 덕이동 데이터센터 착공에 어려움을 겪고 있다. 주민들의 전자파 우려와 시위로 인해 고양시가 착공신고를 반려하면서 결국 행정심판까지 갔다. 전문가들은 데이터센터 전자파가 가정 수준보다 낮다고 평가했다. 결국 GS건설이 행정심판에서 승소했지만 주민 반대는 여전하다. 고양시뿐만이 아니다. 이른바, 님비(NIMBY, Not In My Back Yard) 현상으로 지자체의 행정 공백 문제가 지속되며 수도권 데이터센터 33곳 중 절반이 제때 착공되지 못하고 있다.

SK하이닉스의 용인 반도체 공장이 6년 만에 첫 삽을 떴다. 2019년 계획을 발표할 당시 착공 목표는 2022년이었다. 하지만 인근 지자체가 반발하고 토지 보상 과정에서 진통을 겪었다. 막판에 전력 공급 문제까지 불거지면서 착공이 3년 늦어졌다. 삼성전자 역시 평택캠퍼스 건설 당시 송전탑 문제로 지역 주민과 5년간 갈등을 겪었다. 산업계는 새 공장과 산업시설 건설 시 반복되는 지역 갈등이 주요 장애물로 작용한다고 지적하고 있다.

님비도 부동산을 가진 사람들의 전유물이다. 해당 지역에 부동산이 없으면 딱히 보상받을 것도 많지 않기 때문이다. 부동산으로 당장 수혜를 보는 계층과 산업시설이 만들어지고, 경제 성장동력이 만들어질 때 가장 수혜를 보는 계층은 다르다. 전자는 기성세대, 후자는 미래 세대일 것이다. 당장 나에게 이득이 된다면, 내일의 당신이 피해를 봐도 상관없다. "이러다가는 다 죽어"라고 아무리 외쳐도 소용없다.

PC주의와
공공 시스템의 붕괴

◆ 공공 시스템, 청년이 떠난다

프랙탈(Fractal)이란 작은 구조가 전체와 닮은 형태로 끝없이 반복되는 구조를 의미한다. 자연에서 번개의 모양이 나무의 가지나 혈관구조와 닮아있는 것도 이러한 프랙탈의 예시 중 하나다. 도시의 도로망, 나뭇잎의 무늬, 심지어 산의 능선에서도 이와 같은 패턴을 발견할 수 있다. 사람 사는 세상에서도 이와 유사한 현상이 나타난다. 겉보기에는 서로 다른 문제처럼 보이더라도, 자세히 들여다 보면 다양한 분야에서 비슷한 패턴이 반복되고 있음을 알 수 있다.

IMF 사태가 안정적인 면허 직업에 대한 선호로 이어졌고, 그 직군은 대부분 공공 서비스 영역이 차지했다. 하지만 지금은 다르다. 젊은 사람들이 대거 이탈하면서 공공 시스템이 붕괴위기에 처했다.

젊은 의사가 수련을 포기하고 있다. 2024년 윤석열 정부가 추진한 의대 정원 확대 정책은 의료 현장의 혼란은 물론 전공의 양성 시스템을 뿌리째 흔들어 놓았다. 2025년 수련병원에서 3,594명의 전공의를 모집했으나, 지원자는 314명, 지원율은 8.7%에 불과했다. 20%대 지원율을 보인 성형외과 등 인기학과와 달리, 필수의료는 한 자릿수 지원율을 보였다. 산부인과는 188명을 모집했는데 단 1명만 지원했다. 수도권 쏠림 현상도 심각한 상황이다. 수도권 수련병원은 193명이 지원한 반면, 비수도권은 121명만 지원했다.

젊은 교사가 교단을 떠나고 있다. 오랜 기간 교사들은 학생들의 폭언과 폭행, 그리고 학부모의 무리한 요구로 인해 극심한 스트레스에 시달려 왔다. 2022년 5년 차 미만 전국 국공립 초·중·고 퇴직 교원의 수가 589명으로 2021년 대비 2배 가까이 증가했다. 2023년 서울의 한 초등학교에서 20대 교사가 스스로 목숨을 끊는 안타까운 사건이 발생했다. 이 사건을 계기로 교사들은 9월 4일을 '공교육 멈춤의 날'로 정하고 집단행동에 나서며 교권 침해 사례들이 공론화되었다. 교육부에서도 '교권 회복 및 보호 강화 종합방안'을 발표했고, 국회도 이른바 '교권보호 5법'을 통과시키며 화답했지만, 정작 교육 현장에서 느낀 변화는 미미했다.

젊은 군인들이 군대를 떠나고 있다. 2023년 퇴역한 경력 5년 이상 간부(장교, 준·부사관)의 수가 9,000명을 넘어 역대 최다를 기록했다. 특히 중간 간부인 대위·중사급 간부 이탈이 심각하다. 5년 차 전역을 신청한 육사 출신 장교의 숫자도 군이 감당할 수 없을 정도로 많다. 2023년 임관 5년 차인 74기의 경우 30명 정도가 전역을 신청했는데, 이들 중 15~20명만 전역이 가능하다고 한다. 장기복무자는 전역 심의위원회 심의를 거쳐서 합당한 이유라고 인정될 경우에 전역할 수 있는데, 인력이 부족하다 보니 전역을 희망해도 받아들여지지 않는다. 오히려 1.5겸직, 2겸직을 맡아 계속 복무하는 경우가 대부분이다.

젊은 공무원들이 공직을 떠나고 있다. 최근 5년 동안(2019년부터 2023년까지) 공무원 퇴직자 6만 4,278명 중 81.7%인 5만 2,533명이 입직 후 5년 안에 퇴직했다. 즉, 공무원 대부분이 임용 후 5년 안에 그만두고 있다는 뜻이다. 특히 신규 공무원의 조기 퇴직이 점점 늘고 있다. 2019년에는 전체 공무원 퇴직자 중 신규 공무원의 비중이 17.1%였지만, 2023년에는 23.7%까지 늘었다. 공무원 시험에 합격해도 몇 년 안에 퇴직하는 사례가 많아진 것이다.

물론 각 분야마다 차이는 존재한다. 교사나 군인, 공무원은 연봉이 낮아 사직하기도 한다. 반면, 의사는 높은 소득을 보장받기 때문에 의료 행위를 중단하는 일은 드물다. 하지만 이들 사이에 공통점이 존재한다. 자리를 지키고 있는 의사, 교사, 군인, 공무원 모두 이미 마음속에서 직무에 대한 열정과 책임감을 잃어버린 상태다.

어쩌다 이렇게 되었을까?

◆ 사명감을 가지면 위험하다

민원이다. 단순히 일을 하기 힘든 정도가 아니다. 자칫 공인으로 사명감을 가지고 일을 하겠다고 달려들면 민형사상 위험에 노출된다. 정말 일을 하려면 자신의 인생이 한순간에 꺾일 위험을 각오해야 한다. 제정신으로는 하기 어렵다.

의사들은 민·형사 소송 위험에 불안해하고 있다. 2017년 발생한 이대 목동병원 사건은 의사들에게 강한 경고를 남겼다. 신생아 4명이 시트로박터 프룬디균에 감염돼 패혈증으로 사망하자 검찰은 7명을 기소하고 이중 3명을 구속했다. 결국 1, 2, 3심 모두 무죄 선고를 받았지만 그 5년 동안 의료진은 만신창이가 되었다. 작은 실수도 대형 소송으로 이어진다. 가톨릭대 성모병원은 최근 응급실에 내원한 환자를 진료하는 과정에서 폐암을 조기 진단하지 못했다는 이유로 17억 원의 손해 배상금을 물어내야 했다. 심정지 환자를 살려도 후유장해가 있으면 수 억 원의 배상을 해야 한다. 위중한 환자를 살리겠다고 달려들면 의사 자신도 소송에 휘말릴 위험이 높다. 감기 환자 치료나 피부 관리를 하면 이런 위험을 피할 수 있다. 정부는 뒤늦게 의료인의 사법 부담을 줄여주겠다며 의료사고처리 특례법 제정안을 공개했지만 시민단체 반대에 막혀 추진하지 못하고 있다.

교사 또한 크게 다르지 않다. 학생을 가르치겠다고 적극적으로 지도하면 그 과정에서 정서적 학대를 당했다며 소송에 휘말릴 위험이 커진다. 유죄 여부는 중요하지 않다. 일단 신고가 접수되면 수업 배제, 담임 박탈, 강제 휴가 등 불이익을 받기 때문에 신고 자체가 일종의 처벌이다. 어차피 무고죄 성립도 어렵고, 신고자에 대한 신원도 미공개가 원칙이기 때문에 누구나 자유롭게 신고가 가능하다. 오죽하면 정서적 학대는 '기분상해죄'라고도 부를까? 학폭 업무를 담당하는 교사가 3년 전에 '학폭'이라는 단어를 썼다는 이유로 신고 당하기도 하고, 학생들이 교무실에서 말다툼해 서로 사과하라고 했다고 검찰에 송치되기도 했다. 뿐만 아니라 교사들이 업무 시간 외에 걸려오는 학부모들의 전화와 사생활 침해에 시달리는 경우가 많다 보니 휴대전화도 두 대를 쓰는 것이 필수처럼 인식된다.

군 간부에게 나라를 지키는 것보다 더 중요해진 것이 민원 관리다. 예전에는 병사들의 체력과 전투기술을 향상시키는 훈련이 중요했으나, 요즘은 사고 안 나고 민원 없는 것이 더 중요하다. 사고 난 부대 지휘관은 그동안 아무리 잘했어도 승진에서 제외되면서 군생활을 접어야 한다. 그래서 지휘관들은 실전 훈련을 줄이거나 아예 하지 않으려고 한다. 사고가 발생하면 나오는 조치도 훈련 축소다. 신병 교육대에서 체력 단련이 금지되고, 정신수양 교육을 하려면 대대장의 허가를 받아야 한다.

공무원도 민원인 눈치를 잘 봐야 한다. 지방자치단체의 경우 민원인이 위법행위를 하는 경우가 수만 건에 달한다. 앙심을 품은 민원인은 돌을 던지기도 하고 염산을 뿌리기도 한다. 이런 스트레스를 못 견뎌 자살하는 공무원도 있다. 중앙부처의 민원인은 정치권이다. 일단 정권 눈치를 잘 봐야 한다. 예전에는 돈 안 받고 승진 포기하면 소신껏 국가를 위해 일할 수 있었다. 지금은 다르다. 민감한 문제에 휘말리면 형사처벌을 받고 연금을 잃어버릴 수 있다. 그럴 바에는 자신에게 불리하게 작용할 수 있는 회의록과 같은 기록들을 과감하게 폐기하는 것이 낫다. 자신에게 불리한 증거를 없애는 것은 형사처벌의 대상이 아니기 때문이다.

◆ 피해의식과 공유지의 비극

21세기 대한민국을 지배하는 키워드 중 하나는 피해의식(Victim Mentality)이다.

피해의식은 스스로를 약자로 규정하는 것에서 비롯된다. 스스로 약자가 되었기 때문에 상대는 강자 혹은 기득권이 된다. 이러한 사고는 끝을 모르는 보상심리로 이어져 그것이 채워질 때까지 자신의 행동은 아무리 폭력적이라도 정당화되고, 상대방은 그것을 견뎌야 할 의무가 존재하게 된다. 의사는 '천룡인'*이니까. 공무원은 놀고먹어도 월급 나오는 '철밥통'이니까. 스스로를 합리화하면서 자신은 숭고한 권리를 행사한다고 믿는다. 그것이 아무리 반문명적 행위여도 말이다. 그리고 그렇게 행동하지 않으면 손해를 본다는 인식도 강하게 작용한다.

이러한 피해의식은 우리 사회가 그 구성원들에게 심어준 아픈 경험들이 축적된 결과이기도 하다.

일제강점기, 군사독재를 거쳐 산업화와 민주화를 이루는 과정, 이른바 낭(야)만의 시대에서 인권은 언제나 뒷전이었다. 힘에 의한 지배 속에서 일반 시민들은 아무리 억울한 일을 당해도 목소리 한 번 제대로 내기 어려웠다. 특히, 환자, 학생, 사병, 민원인이 의사, 교사, 군 간부, 공무원의 권위에 눌려 피해를 입고도 쉽게 목소리를 내지 못했다. 그러나 권위주의로 인한 피해를 막겠다는 취지에서

---

* 만화 〈원피스〉에 등장하는 세계귀족을 의미하며, 인터넷상에서는 모든 법 위에 군림하는 계층을 지칭할 때 쓰인다.

시작된 변화가 이제는 필요한 권위까지 부정하면서 전체 시스템의 붕괴를 초래하고 있다. 모두가 자신의 권리만을 주장하다 결국 모두가 피해를 보게 되는 공유지의 비극(Tragedy of the Commons)이 발생하는 지경에 이른 것이다.

이러한 현상은 미국과 유럽에서 시작된 '정치적 올바름(Political Correctness, PC)'과도 맞닿아 있다. 정치적 올바름은 특정 집단이나 개인을 차별하거나 불쾌하게 만드는 표현을 피하려는 사회적 태도 혹은 신념을 의미한다. 과거에 차별 혹은 핍박을 받던 이들의 권익을 향상시키는 일환으로 시작되었지만, 오늘날에 이르러서는 용어의 통제를 넘어 급기야 문화와 생활방식에 대한 통제, 사상의 주입 등으로 이어져 타인의 자유와 권리를 침해하는 상황까지 가버렸다.

약자를 규정하는 것은 그 자체로 하나의 권력이다. 그 권력을 가진 사람들이 모여 세력화를 이루면 문제가 더욱 심각해진다. 전국장애인연합회의 지하철 시위, 동덕여대의 캠퍼스 시위 등 모두 자신의 권리를 찾겠다는 미명하에 공공 시스템에 테러를 가한 사건들이다. 이들의 명분에는 동의할 수도 있고, 반대할 수도 있다. 하지만 그들이 극단적인 방법으로 공공 시스템을 붕괴시킬 권한은 그 누구도 부여한 바 없다.

지옥으로 가는 길은 선의로 포장되어 있다. 분명 누군가 악의로 이렇게 망가진 인센티브 체계를 설계하지 않았을 것이다. 모르기는 몰라도 '국민의 권익 향상'이라는 좋은 의미로 각종 민원인 중심의 제도들이 만들어졌을 것이다. 그 과정에서 합리적 인센티브 체계가 붕괴되고, 공공 시스템 근로자들은 '사명감으로 버틸 바에 포기하면 편하다', '탈출은 지능순'이라는 인식이 자리를 잡게 되었다. 그리고 그 결과는 아무도 책임지지 않는다. 그저 미래 세대에게 떠넘기면 될 여러 짐 중 하나일 뿐이다.

정치가 내다버린 22년

콜로세움 안에
미래는 없다

◆ **검투사 정치와 소멸하는 합리주의**

2003년, 노무현 대통령은 '주류 교체'를 기치로 내세우며 제16대 대통령으로 취임했다. 그의 당선은 이른바 '3김 시대' 이후 새로운 시대가 열렸음을 의미했다. 3김(김영삼, 김대중, 김종필)은 박정희 시대부터 정치 무대의 중심에 있었던 인물들로, 대한민국의 경제 발전과 민주화를 이끈 주역들이었다. 이제 민주화를 완성하고 선진화를 이루는 새로운 시대를 열 것이라는 기대가 컸다.

2009년, 노무현 대통령은 봉하마을 뒷산에서 스스로 생을 마감했다. 퇴임 후 시작된 검찰 수사는 노무현과 그의 가족, 후원자들에게 큰 고통을 안겼다. 특히 퇴임 후에도 정치적 영향력을 유지하던 그가 뇌물 수수 의혹에 휘말리면서 여론이 급격히 악화되었고, 언론은 이를 대대적으로 보도하며 논란을 증폭시켰다. 이 수사는 단순한 법적 절차를 넘어 정치적 해석을 동반했고, 보수우파와 진보좌파 간 갈등은 극에 달했다.

검투사 정치는 이렇게 탄생되었다. 정치가 이제는 생존의 문제가 되어버린 것이다. 살아남기 위해서는 상대를 정치판에서 완전히 몰아내야 한다. 권력을 빼앗아 왔다고 끝난 것이 아니라, 수단과 방법을 가리지 않고 패배한 상대방을 짓밟아야 한다. 뿌리까지 뽑아내지 못하면 언제 상대가 칼을 들고 덤빌지 모르기 때문이다. 퇴임해도 상관없다. 지켜야 할 선도 없다. 내가 죽지 않으려면 상대를 죽여야만 한다.

결국, 대의는 사라지고 진영만 남았다. 선거에서 이길 수만 있다면 자기 정당을 무너뜨린 적장들조차 좋다고 생각한다. '적의 적은 나의 친구(The enemy of my enemy is my friend)'라는 사고는 정치인들로 하여금 진영을 넘나들기 쉽게 만들었고, 위선과 '내로남불(내가 하면 로맨스, 남이 하면 불륜)'은 일상이 되었다. 우리 진영을 위해 선거만 이길 수 있다면 그 사람이 어떤 인생을 살아왔든 상관없다. 어차피 우리 진영의 죄목에 '착한'을 붙이거나, '오죽하면 그랬겠냐' 하거나, '상대진영의 일방적 음해'라고 해버리면 그만이다. 이렇게 한 진영에 대한 충성도가 우선시되는 것을 '정치적 부족주의 (Political tribalism)'라고 한다.

정치적 부족주의가 강화되는 데에는 소셜미디어도 큰 역할을 했다. 사용자의 성향을 분석해 사용자가 원할 것으로 예상되는 콘텐츠만 보여주는 알고리즘의 발달로 누구나 보고 싶은 것만 보고, 듣고 싶은 것만 들을 수 있게 되었다. 토끼를 쫓다 끊임없이 이어지는 토끼굴에 갇혀 모험을 떠나는 이상한 나라의 앨리스처럼 알고리즘에 갇힌 사람들은 끊임없이 유사한 콘텐츠를 소비하며 확증편향(confirmation bias)을 강화한다.* 많은 이들이 비과학적 음모론에 빠지거나 모든 것을 진영논리에 입각해서 해석하는 '정치병자'가 되는 것도 이러한 확증편향 때문이다.

정치적 부족주의와 확증편향으로 인한 진영 간 대립은 적대적 공생관계(Adversary Symbiosis)로 이어진다. 박근혜 전 대통령 탄핵에 앞장섰던 윤석열 검사가 국민의힘 후보가 될 수 있었던 것도, 탄핵 전에는 지지율이 낮던 윤석열 대통령 지지율이 탄핵 후 지지율이 오른 것도 모두 이재명과 더불어민주당의 존재 덕분이었다. 상대에 대한 적개심이 서로의 지지층을 결집시키고 극한의 대립으로 이어지면서 부족주의를 강화한다. 그러면서 합리적인 이야기를 하는 사람들의 공간은 줄어든다. 같은 진영 안에서 조금이라도 다른 목소리를 내는 사람들은 린치와 축출의 대상이 되어 각 진영은 수령을 중심으로 한 전체주의 혹은 일극체제가 된다. 그렇다고 축출된 사람들이 밖에 나와서 뭘 할 수 있는 것도 아니다. 대중과 미디어는 극단으로 치닫는 검투사들의 치열한 싸움을 보고 싶어 하지, 아무리 맞는 말을 해도 중간에서 걸리적거리기만 하는 사람에 관심을 두지 않는다. 그리고 모두의 무관심 속에 우리 사회는 곪아간다.

---

* 이를 '토끼굴 효과(Rabbit Hole Effect)'라 하며, EU에서는 이를 일종의 행동장애로 분류해 아동의 SNS 사용을 제한하고 있다.

◆ 법률이란 칼로 싸우는 콜로세움 법원

"법은 도덕의 최소한이다."

독일의 법학자 게오르그 옐리네크의 저서에서 인용된 이 말은 현대 정치에서는 더 이상 적용되지 않는 듯하다. "물의를 일으켜서 죄송합니다"라는 말과 함께 정치적·도의적 책임을 지는 것은 옛말이 되었다. 정치 뉴스의 상당 부분이 정치지도자들의 재판과 관련한 것으로 뒤덮였고, 지지자들은 법원 앞에서 시위를 이어간다. 어느덧 법원은 정치인들이 법률이란 칼을 들고 검투사가 되어 싸우는 콜로세움이 되어버린 것이다. 국회의원은 100만 원 이상 벌금형을 받으면 다음 선거에 나올 수 없다. 대통령은 헌법 절차에 따라 탄핵하면 된다. 정치적 사망선고를 내릴 수 있다. 대화와 타협을 배신행위 혹은 패배주의로 받아들이다 보니 고소와 고발을 남발한다. 그리고 각자가 원하는 결과가 나오지 않으면 '정치적 탄압' 등을 운운하며 사법 불신을 조장한다. 정치권이 사회적 신뢰를 무너뜨리는 데에 앞장서고 있는 것이다. 실제로 영국의 싱크탱크 레가툼이 발표한 '2023 번영지수'에서 우리나라는 사회적 자본지수가 조사대상 167개국 중 107위에 불과했다. 사회적 자본을 구성하는 항목 중 사법 시스템은 155위, 군은 132위, 정치인은 114위, 정부는 111위를 차지했다.

국가기관과 정치권이 나서서 사회적 신뢰를 무너뜨리니 국민들도 이에 동참하고 있다. 우리나라는 연평균 50만 건의 고소·고발이 접수된다. 우리나라 인구의 두 배가 넘는 일본과 비교해도 40배가 넘는 수치다. 기소율은 20%에 미치지 못하지만 일단 고소·고발을 하고 보는 것이다. 때문에 억울한 피의자가 양산되고, 검찰의 수사력이 낭비된다. 정부와 지자체도 소송에 시달리며 변호사 수임 예산이 부족해 추가경정예산을 편성하기에 이르렀다.

사법 불신이 심화되면서 이제는 법관에 대한 탄핵과 고소·고발도 이어지고 있다. 대표적으로 활용되는 수단이 바로 직권남용이다. 형법 제123조에서는 공무원이 자신의 권한을 남용해서 다른 사람의 권리 행사를 방해하거나 의무가 없는 일을 하면 형법에 따라 5년 이하의 징역 처벌을 받게 되어있다. 하지만 적용은 애매하다. 실제 2018년 사법부를 대상으로 진행된 사법 농단 수사는 관련 전·현직 판사 14명 가운데 3명만이 유죄가 인정되었다. 특히, 양승태 전 대법원장은 대법원장으로는 처음 구속수사를 받았지만 47개 혐의에 대해 모두 1심 무죄 판결을 받았다. 이들 두고 "정권이 바뀔 때마다 '귀에 걸면 귀걸이 코에 걸면 코걸이' 식인 직권남용죄를 적용하면 한도 끝도 없다"는 비판이 나오고 있다.

상황이 이러하니 굳이 법을 지켜야 할 이유도 없고, 유죄를 선고받아도 잘못이 없는 것처럼 행동한다. 상대의 허물이 나의 허물을 정당화한다고 믿는다. 때문에 자숙과 반성은 옛말이 되었다. 오히려 공인이라고 할 수 없는 연예인들이 자숙 기간을 가질 뿐, 정치인들은 자숙은커녕 대법원 판결이 내려졌어도 옥중정치를 이어간다. 도덕 수준은 하향 평준화되고, 법치는 흔들린다.

정치인에 대한 테러행위도 심심치 않게 일어나고, 동덕여대*와 서부지법 사태**와 같은 폭동도 발생하고 있다. 정치권은 폭동과 테러에 대한 엄벌보다는 자신들의 입맛에 맞는 폭력을 오히려 부추기고 있다. 더불어민주당은 동덕여대 폭동을, 국민의힘은 서부지법 폭동을 옹호하는 식이다. 이러한 악순환이 결국 전 국민을 검투사로, 전 국토를 콜로세움으로 만들지 않을까 우려된다.

◆ 회색 코뿔소는 이미 다가와 있다

회색 코뿔소(The Grey Rhino)라는 말이 있다. 2톤에 달하는 회색 코뿔소가 사람들을 향해 달려오고 있다. 코뿔소가 원래 회색이라는 것도 알고 있고, 그 코뿔소가 달려오고 있다는 것도 알고 있으며, 가만히 있으면 모두가 코뿔소에 받혀 죽을 것이라는 사실도 알고 있다. 하지만 그럼에도 아무것도 하지 않는 것. 지금 우리의 상황이 딱 그렇다.

우리가 지금 당면한 문제는 모두 22년 전에 알고 있었다. 2005년 9월, 저출산고령사회위원회가 출범했다. 성장률 제고를 위한다

---

*   2024년 11월, 동덕여대에서는 남녀공학 전환 논의에 반대하는 학생들이 설립자 흉상에 페인트를 칠하고, 계란과 밀가루를 투척하는 등 격렬한 시위를 벌였음. 이로 인해 학교 측은 손상된 흉상 복구 및 이미지 실추에 따른 손해 배상으로 수백억 원의 배상액을 청구했음.

**   서부지법 폭동은 2025년 1월 19일, 윤석열 대통령의 구속영장 발부에 반발한 지지자들이 서울서부지방법원에 난입해 기물을 파손하고 폭력을 행사한 사건임. 이로 인해 경찰관 51명이 부상당했고, 86명이 체포되었음.

며 매 정권마다 규제 개혁을 추진했다. 그러나 산업계는 전혀 효과를 체감하지 못했다. 오히려 규제 부담은 갈수록 늘어났다. 의료대란을 일으킨 왜곡된 건강보험 수가와 피부과 등 특정과 선호현상, 국민 모두가 걱정한 국민연금 문제 모두 신문기사를 검색하면 2003년이라고 찍힌다. 그때도 이미 문제라는 것을 알고 있었다. 22년이 지난 지금 문제는 오히려 그때보다 더욱 심각해졌다. 우리가 시간을 흘려보낸 사이 멀리 있던 코뿔소는 이미 우리에게 다가와 치받고 있다. 우리의 눈이 정치라는 스펙타클(Spectacle)에 향해있기 때문이다.

기 드보르는 "스펙타클은 종교적 환상의 물질적 재구성"이라 했다. 작금의 우리나라 정치가 그러하다. 전 세계에서 가장 많은 슈퍼챗을 받은 유튜브 채널 상위 랭킹에 국내 정치 유튜버들이 대거 이름을 올린 것은 우리가 얼마나 정치를 스펙타클로서 소비하는지 보여준다. 스펙타클의 노예가 되면 현실 인식과 비판 능력을 상실한다.

로마가 콜로세움 때문에 망한 것은 아니다. 하지만 문제 해결을 외면하고, 검투사 싸움과 오락에 몰두한 것이 몰락의 중요한 요인이었다. 지도자들은 점점 심각해지는 경제난과 내부 갈등을 해결하지 못한 채, 대중의 불만을 '빵과 서커스'로 달래는 데 급급했다. 콜로세움의 검투사 경기는 로마 사회의 타락을 보여주는 상징이다. 결국 로마는 문제 해결을 미루고 오락으로 눈을 돌리다가 멸망의 길로 접어들었다.

승리지상주의

◆ **역사로 편을 갈라라**

진영을 가르는 근현대사 논쟁

　진영을 가르는 근현대사 논쟁은 한국 사회에서 여전히 뜨거운 주제다. 이 논쟁의 중심에는 이승만과 김구의 대립이 자리 잡고 있다. 이승만은 실용주의에 기반해 미국의 지원을 받아 대한민국을 건국했으며, 남한을 중심으로 빠른 정부 수립의 필요성을 강조했다. 반면 김구는 통일된 민족 국가를 지향하며 남북 분단에 반대했다. 두 지도자에 대한 평가와 그들의 역사적 행보는 현재 각 정치 진영의 이념적 기반 형성에 영향을 미치고 있다.

　이 논쟁은 1948년 건국절과 1919년 임시정부로 대표되는 건국 기준 논쟁으로 확장된다. 우파는 1948년 8월 15일, 대한민국이 공식적으로 성립된 날을 건국일로 삼아야 한다고 주장한다. 이들은 이 시점에서 실질적 정부 수립이 이루어졌다는 점을 강조하며 국가 정통성을 부각한다. 반면 좌파는 1919년 상해 임시정부를 대한민국의 법통으로 보고, 임시정부의 존재가 국가의 기초임을 강조하며 광복절을 건국일로 충분하다고 주장한다. 이러한 주장은 3.1운동과 임시정부의 역사적 의미를 중시하는 관점과 맞닿아 있다.

이러한 역사 논쟁은 '친일 vs 반일', '반공 vs 친공', '산업화 vs 민주화' 등의 프레임 소재로 활용되면서 국민을 분열시켰다. 2020년 총선을 앞두고 당시 여당이었던 좌파 정당은 일본의 반도체 소재 수출 제한에 대한 반일 여론을 정치적으로 활용하기 위해 일본 상품 불매운동을 펼쳤다. 사회 분위기가 격화되며 일본 음식을 판매하던 가게들이 폐업했고, 일부 재일 교포들은 신변 안전을 걱정해야 했다. 선거에서는 '한일전'이라는 문구가 담긴 현수막까지 등장해 선거관리위원회가 이를 제지하는 일도 있었다. 우파로 정권이 바뀌자 윤석열 대통령은 육군사관학교에서 홍범도 장군 흉상을 철거하는 '반공' 행보에 나섰다. 군 정신전력교육 기본교재에서 홍범도, 김좌진, 김구 등 독립투사들의 이름이 누락되었다.

그 연장선상으로 2024년 총선을 앞두고 여야는 영화를 통한 역사 전쟁을 이어갔다. 2024년 총선을 앞두고 우파는 건국절과 이승만의 업적을 찬양하는 영화 〈건국전쟁〉으로 세몰이를 시도했고, 좌파는 영화 〈파묘〉를 밀었다. 대통령과 야당 대표까지 나서 영화 홍보에 열을 올리는 사이 정작 미래 세대를 위해 해결해야 할 저출산, 경제 성장과 같은 시급한 이슈는 유권자의 관심에서 멀어졌다.

과거보다 못한 과거사 논쟁

역사 논쟁을 지속하는 한국과 달리, 미국과 일본은 서로 과거의 상처를 딛고 동맹 관계로 전환하는 데 성공했다. 미국은 2차 세계대전 당시 일본과 전쟁을 치르며 수백만 명의 희생자를 냈지만, 전쟁 이후 일본의 경제 재건을 지원하고 민주화 과정을 돕는 등 우호적인 관계로 변모했다. 일본 역시 2차례 원자폭탄 투하로 민간인 사망자만 20만 명이 넘게 나왔다. 하지만 미국의 안보 우산 아래 경제 성장을 이루며 동아시아의 안정적인 파트너로 자리 잡았다. 이후 과정이 순탄했던 것도 아니다. 미국은 일본의 제조업 성장으로 경제에서 큰 어려움을 겪었고, 일본 또한 강제로 엔화를 절상시킨 플라자 합의 이후 장기 침체로 들어갔다. 그들이 서로에게 나쁜 감정이 없을 리 없다. 단지 국익을 위해 지금 서로에게 도움이 된다고 생각해서 협력할 뿐이다.

한국도 그런 시절이 있었다. 박정희 전 대통령은 한국의 미래를 위해 일본과 합의를 했고, 그 당시 받은 돈은 국가 발전에 디딤돌이 되었다. 그 당위성에 대한 논란은 여전하지만 한국에 경제 발전에 도움이 되었다는 것은 부인하기 어렵다. 김대중 전 대통령의 한일 관계 개선 노력도 중요한 사례로 평가된다. 그는 일본 오부치 총리와 함께 과거사를 반성하고 미래지향적 협력 관계를 구축하기 위한 공동선언을 발표했다. 이를 통해 2002년 한일 월드컵 공동 개최를 성공시켰으며, 양국 국민 간의 교류가 활성화되는 계기로 만들었다.

일제강점기 독립운동가이자 역사학자인 신채호(申采浩) 선생은 "역사를 잊은 민족에게 미래는 없다"고 말한 것으로 알려져 있다. 같은 시기 독립운동가인 안창호(安昌浩) 선생은 "옛 것을 본받

되 옛 것에 머무르지 말고, 나아가 새로운 길을 열어야 한다"고 했다. 두 말이 상충되는 것처럼 보이지만 그렇지 않다. 역사를 잊어서는 안 되지만, 과거에 발목 잡혀서도 안 된다. 실패에서 교훈을 얻되, 그 실패의 공포에서 벗어나야 성공할 수 있다. 중요한 것은 과거가 아니라 미래다.

◆ 욕망을 자극하라

우파의 부동산 공약

우파 정당은 부동산 개발 공약을 선거 전략의 핵심으로 삼고 있다. 그 시작은 2008년 총선이다. 당시 한나라당은 48개 지역구 중 무려 40곳에서 당선될 정도로 서울 지역에서 압승을 거두었다. 이명박 전 대통령이 서울시장 재직 시절 기획한 뉴타운 사업이 선거 승리에 결정적 역할을 했다. 한나라당이 당선된 적이 없던 성북, 강서, 도봉, 강북과 같은 전통적 진보좌파 정당 지지 지역에서도 당선자가 나올 정도로 뉴타운 사업은 서울 시민들의 주거 개선 욕구를 자극한 강력한 공약이었다.

2024년 총선을 앞두고 국민의힘은 '노후계획도시 특별법'을 통과시켰다. 처음에는 분당, 일산 등 1기 신도시만을 대상으로 했는데, 특혜 논란이 불거지자 전국 51개 지역, 100만 가구로 확대되었다. 재건축 연한은 30년에서 20년으로 사실상 단축시켰다. 이제 2007년 입주를 시작한 동탄도 2027년부터 노후도시가 되어 재건축이 가능해진다. 만일 이 기준을 적용하면 서울시의 많은 아파트가 재건축 대상이 된다. 형평성 논란은 다시 불거질 것이다.

김포시를 서울시로 편입하는 공약도 많은 논란을 일으켰다. 행정구역 차이로 집값이 다른 김포시민 입장에서는 반가운 일이었지만, 다른 지자체에서는 결국 서울 집중 현상이 심화될 것이라고 반대했다. 특히 경기도는 구리, 하남, 과천 등 다른 인접 도시의 서울 편입 요구가 커지게 되면서 서울시와의 격차가 더욱 부각될 것을 우려했다. 실제로 이들 도시가 서울로 편입될 경우, 광역 교통노선 구축 비용을 서울시가 독박 쓰는 문제가 발생하기 때문에 실질적으로 주민들의 편익에 도움이 되지 않지만, 그것은 중요하지 않다. 서울시민이 될 수 있다는 욕망, 집값을 올릴 수 있다는 욕망만 자극하면 그만이다.

좌파의 현금 보조금 공약

좌파 정당은 현금 보조금을 선거 전략의 핵심으로 삼고 있다. 그 시작은 무상급식이다. 2010년 서울시장 선거의 가장 큰 쟁점은 무상급식이었다. 당시 한명숙 후보는 전면 무상급식을 핵심 공약으로 제시했고, 오세훈 후보는 부자 무상급식이라며 반대했다. 선거는 오세훈 후보가 이겼지만, 민주당이 다수인 서울시의회가 무상급식 조례안을 통과시키자, 오세훈 시장은 무상급식 시행 여부를 두고 서울시민 투표를 결정했다. 투표율은 개표요건에 미달했고, 결국 오 시장은 사퇴했다. 보궐선거에서 민주당 박원순 후보가 당선되면서 오 시장은 정치적으로 큰 위기에 봉착했다.

2020년 총선을 앞두고 문재인 정부는 전 국민을 대상으로 긴급 재난지원금을 지급한다고 발표했다. 코로나19 팬데믹이란 상황을 극복하기 위해 필요하다는 논리였는데 정작 노동계까지 나서서 매표 행위라며 반대했다. 고액자산가까지 지급하는 것은 잘못됐다는 여론이 일어나자 정부는 자발적 기부를 유도한다는 방침을 발표하기도 했다.

직접 지원금 공약은 여기서 끝나지 않았다. 2021년 대법원은 총선을 앞두고 지급된 재난지원금은 매표 행위가 아니라고 판결했다. 이런 흐름 속에서 2022년 지방선거에서 지자체장들은 앞다퉈 직접 지원금을 지급했다. 그 규모가 5조 원을 넘었고 지자체 재정자립도 50%가 무너졌다는 우려가 쏟아졌다. 하지만 지자체장에게 유리한 영향을 미쳤다는 것은 누구도 부인하지 못했다. 다시 2024년 총선에서 민주당은 직접 지원금을 주요 공약으로 내걸었다. 재정이 어떻게 되든 이런 매표인 듯 매표 아닌 매표 같은 직접지원금 지원은 계속될 것으로 전망된다.

정책효과보다 중요한 표 계산

우파 정당은 국민이 지난 대선에서 자신들을 선택한 이유를 모르는 것 같다. 문재인 정부는 임기 말에도 45%의 지지율을 기록할 정도로 임기 내내 높은 지지율을 유지했다. 하지만 2022년 대통령 선거에서 민주당은 패배했다. 주요 원인으로 부동산 가격 폭등이 꼽힌다. 한국부동산원 자료에 따르면, 문 정부 5년 동안 수도권 아파트 매매 가격은 평균 33.4%, 서울은 83.1% 상승했다. 전세 가격도 수도권은 34.0%, 서울은 45.2% 올랐다.

윤석열 정부 역시 부동산 문제 해결에 실패했다. 수도권 아파트 전세 가격 상승은 멈췄으나, 매매 가격은 수도권이 17.5%, 서울이 6% 상승했다. 정부가 적극적으로 부동산 가격을 방어했기 때문이다. 집값이 내려갈 조짐이 보이자, 신생아가 있는 가정에 특례대출을 도입했다. 가계대출 규모가 너무 커서 금융 불안을 걱정하는 상황에서도 특례대출은 대상 가구를 늘리기 위해 기준을 완화하고 대출 한도 관리 대상에서 제외했다.

좌파 정당이 집값을 낮추는 데 진심이었는지도 의문이다. 높은 집값 상승의 배경에는 전세대출이 있다. 집주인이 자신의 돈만으로 집을 사는 것은 어렵다. 그래서 세입자의 전세보증금을 활용하는데, 세입자 역시 집값 상승분을 감당할 목돈이 없는 경우가 많다. 이런 불균형을 해소한 것이 전세대출이다. 문 정부도 전세대출이 집값 상승 원인이란 것을 알고 있었다. 하지만 통제하지 않았다. 오히려 2021년 가계대출 총량 관리를 위해 일부 은행이 전세대출을 중단하자, 대통령실이 개입해 대출한도를 풀어주도록 했다.

한국은 정부 개입에 의한 소득 재분배 효과가 매우 낮은 나라로 평가된다. 2020년 기준 OECD 33개국 중 32위를 기록했다. 정부가 개입하기 전의 시장소득 지니계수는 0.405인데, 정부 개입 후 가처분소득 지니계수는 18.3% 정도 개선되었다. 이는 OECD 평균 개선율인 30.3%의 절반에 불과하다. 이렇게 낮은 재분배 효과의 가장 큰 원인으로는 정부 사업의 비효율성이 지목된다. 어려운 사람들에게 재정 지원을 집중해야 하는데, 보편적 복지를 지향하다 보니 효율성이 떨어졌기 때문이다.

　보편적 복지라는 평등(Equality)의 추구는 공평(Equity)의 상실로 이어진다. 코로나19로 가장 큰 타격을 입은 사람들은 자영업자다. 방역 차원에서 실시한 영업 제한과 금지 조치의 직접적인 타격은 자영업자들이 고스란히 감당해야 했다. 이로 인해 많은 자영업자가 생활고와 부채에 시달리게 되었다. 2022년 4분기 기준, 자영업자의 절반이 빚을 지고 있는데, 대출 규모가 코로나19 이전보다 48.9% 증가했다. 전 국민 재난지원금은 통화량 증가로 이어져 물가 상승을 초래했다. 결국 한국은행은 기준금리를 올렸고 이로 인한 대출이자 증가 또한 자영업자가 고스란히 짊어져야 했다. 결국 자영업자들은 정부 정책으로 이중, 삼중의 피해를 입게 되었다. 재난지원금을 공무원이나 대기업 직원까지 지급하기보다 자영업자에게 집중적으로 지원했어야 했다.

◆ 환상을 심어줘라

노동의 종말과 기본소득

　2016년 구글의 인공지능 프로그램 알파고가 한국에서 이세돌 9단과 바둑 대결을 했다. 전 세계가 인공지능이 이세돌을 이기는 모습을 보고 충격을 받았다. 사람들은 이제 인공지능이 사람을 대체하는 시대가 오는 것 아니냐며 불안해했다. 예전부터 이야기되던 노동의 종말이 현실이 되는 것 아니냐는 걱정도 커졌다.

2017년 대선을 앞두고 정치권에서 기본소득 논의가 본격적으로 시작됐다. 당시 박원순, 심상정, 이재명 후보가 기본소득을 주요 공약으로 내걸었다. 기본소득은 정부가 모든 국민에게 조건 없이 일정한 돈을 정기적으로 지급하는 제도다. 재산이 많든 적든, 일을 하든 안 하든 상관없이 누구나 받을 수 있다. 또 개인 단위로 지급되며 다른 소득이 있어도 기본소득은 계속 나온다.

2019년 기본소득당의 창당과 코로나19로 전 국민 재난지원금이 지급되면서 국민들에게 기본소득이란 개념은 점점 익숙한 것이 되었다. 기본소득당은 선거 때마다 민주당에 기생하는 위성정당 전략으로 원내 진입에 성공했고, 대선에 패배한 미래통합당도 국민의힘으로 당명을 바꾸면서 기본소득을 경제민주화와 함께 핵심 정강 정책으로 발표하기도 했다.

2024년 총선에서 민주당은 출생 기본소득, 기본주택, 대학 무상교육, 간병 건강보험 적용, 경로 점심 지원으로 구성된 기본 사회 5대 정책 공약을 발표했다. 특히, 아동수당을 만 17세까지 월 20만 원씩 지급하고, 만 18세가 될 때까지 국가가 매달 10만 원씩 적립하는 펀드를 만들겠다고 약속했다. 민주당의 비례위성정당으로 기본소득당이 참여한 더불어민주연합은 여기서 한발 더 나아가 지급대상을 24세로 확대하고 지급액수도 더 높이겠다고 발표했다.

국가책임주의와 미래 세대

복지 국가는 국민의 기본적인 삶을 보장하기 위해 다양한 사회적 안전망을 제공하는 국가를 말한다. 복지 제도의 시작은 1880년대 독일에서 비롯되었다. 독일은 세계 최초로 사회보험 제도를 도입해 질병과 사고, 노후의 경제적 불안에서 국민을 보호하고자 했다. 이후 여러 나라들이 독일의 제도를 본보기로 삼아 복지 국가로 발전했다.

오늘날 선진국들은 정도의 차이는 있지만 모두 복지 국가를 지향한다. 하지만 복지 국가를 운영하는 데는 중요한 과제가 있다. 바로 국가가 어느 정도까지, 그리고 언제까지 국민의 삶을 책임질 것인지를 정하는 문제다. 복지 제도가 국민의 삶을 안정적으로 지원하려면 지속 가능성이 필수적이다. 지속 가능성이 없으면 현재의 복지 혜택은 다음 세대에게 커다란 부담이 될 수 있다.

이를 잘 보여주는 사례가 국민연금이다. 한국의 국민연금은 현재 고갈 위기에 처해있다. 2025년 3월, 국회는 보험료율(내는 돈)과 소득대체율(받는 돈)을 조정하는 국민연금법을 개정했다. 그렇다고 연금 고갈 문제가 해결된 것은 아니다. 고갈 시점을 다소 늦춘 것에 불과하다. 국회는 이를 해결하겠다며, 국가가 국민연금 지급을 책임진다는 조항을 명문화했다.

이 문제는 단순히 연금 제도의 기술적 문제를 넘어 '국가란 무엇인가'라는 본질적인 질문으로 이어진다. 국가가 연금 지급을 보장한다는 것은 미래 세대가 그 책임을 진다는 것을 의미한다. 국민연금은 현재 세대가 아닌 미래 세대에게 지급할 돈이기 때문이다. 지금 태어나는 아이들이 자신들이 낸 세금으로 연금을 받는 것이 아니라, 이전 세대가 약속한 연금을 갚아야 하는 상황이 된다.

많은 사람들은 국가와 국민을 별개의 존재로 생각한다. 그렇지 않다. 국가의 주인은 국민이다. 법적으로는 개인이 국가를 상대로 소송을 할 수 있다. 그러나 국가가 배상하게 되면 그 돈은 국민의 세금에서 나간다. 이런 상황에서 국가를 마치 국민을 보살필 별도의 주체로 만드는 것은 돈키호테가 가만히 서 있는 풍차를 살아있는 적으로 생각하며 공격했던 것과 같다.

국민을 기망하는 선거전략

미래 세대에 부담을 주지 않고 복지 국가를 운영하려면 재원 확보가 중요하다. 복지 국가를 유지하려면 일시적인 재정 지출이 아닌 지속 가능한 재원이 필요하다. 자원이 풍부한 국가들은 국민에게 기본소득을 제공할 수 있다. 예를 들어 카타르는 국가가 집도 주고 매달 600만 원의 기본소득을 준다. 노르웨이 청년들은 미래를 걱정할 필요 없다. 석유를 팔아 쌓은 세계 최대 국부펀드가 있다. 그러나 대부분의 국가는 이런 자원 부국이 아니다. 그래서 국민들로부터 세금을 걷어야 한다.

하지만 정치권에서는 돈을 쓰겠다는 얘기만 할 뿐 재정을 어떻게 마련할 것인지에 대해서는 이야기하지 않는다.

로봇세를 예로 들어보자. 정치인들이 재원 마련에 대한 질문을 받을 때 종종 로봇세를 도입해서 해결한다고 한다. AI가 발전하면서 로봇이 많은 관심을 얻고 있지만, 로봇은 전혀 새로운 것이 아니다. 이미 우리는 지금도 제조공장에서 많은 로봇을 사용하고 있다. 특히 자동차 산업을 비롯한 제조업이 발전한 한국은 로봇 활용도가 세계 최고 수준이다. 우리 산업에 이미 활용되고 있는 로봇들에 세금을 물린다는 것은 이미 존재하는 산업의 발목을 잡겠다는 것과 다름없다. 그렇다고 사람의 모습을 한 로봇에만 로봇세를 적용하기도 어렵다. 그렇게 되면 사람 대신 동물의 모습을 한 로봇을 활용하면 되기 때문이다. 설령 로봇세를 매겨도 모든 나라가 동참하지 않으면 한국산 제품만 가격이 올라 수출 경쟁력을 떨어뜨릴 것이다. 하지만 이러한 부분에 대해 정치권은 이야기하지 않는다.

정치권이 기본소득의 한계나 국가책임주의의 맹점을 모르지 않는 것 같다. 좌파 정당조차 재정 규모 자체가 커지지 않으면 아랫돌 꿰어 윗돌 막기가 될 것이란 점을 잘 알고 있다. 오히려 기본소득은 시장주의자들이 복잡한 복지 제도를 효율화란 명분으로 단순하면서 실제 복지 혜택을 줄이려는 전략이라며 반대하기도 한다. 그럼에도 정치권에서 기본소득을 주장하는 이유는 유권자에게 직접 돈을 주겠다는 메시지가 정치적으로 훨씬 유리하다고 생각하기 때문 아닐까? 그렇지 않고는 설명이 안 된다.

무너진 정책 생태계

◆ **대선 주기로 약화되는 국정 운영 역량**

지난 22년 동안 대한민국은 단순히 정책 개혁의 기회를 놓친 것만이 아니라, 국가 시스템 자체까지 무너지는 상황에 직면했다. 정부 교체와 함께 잠재 성장률은 지속적으로 하락했고, 국정 운영의 역량은 갈수록 약화되고 있다. 특히 이러한 문제의 핵심에는 '승리지상주의'를 앞세운 검투사식 정치 문화가 자리 잡고 있다. 과거와는 달리, 정당 간의 타협과 협력보다는 상대를 무너뜨리는 데 집중하는 정치적 행태가 일반화되면서, 국가 운영의 주요 축인 관료 사회는 심각한 위기에 빠지게 되었다.

승리지상주의 정치 문화는 각 정권의 국정 운영 방식을 왜곡시켰다. 노무현 정부는 국민 참여를 확대하여 민주주의를 한층 더 발전시키고, 진정한 국민주권 시대를 열겠다는 취지로 '참여정부'라는 명칭을 사용했다. 노무현 전 대통령은 국민이 국정 운영에 직접 참여해야만 사회의 다양한 목소리를 반영할 수 있다고 보았고, 이를 위해 각종 정부위원회와 국정과제위원회를 설치했다. 당시 정부는 총 11개의 국정과제위원회를 비롯하여 수십 개의 위원회를 운영했으며, 이를 통해 주요 정책 결정을 이끌어가려 했다. 그러나 이 방식은 관료 사회의 역할을 축소시키고 책임행정을 어렵게 만들었다는 비판을 받았다. 공무원들이 정책 결정 과정에서 배제되면서 효율성이 떨어지고 의사 결정이 지연되는 사례가 많았다.

이명박 정부에 들어서면서 위원회 공화국은 더욱 확대되었고, 공무원 역할에 대한 사회적 인식이 급격히 변화하기 시작했다. 특히 2008년 업무보고 자리에서 국정홍보처 간부가 한 "우리는 영혼 없는 공무원"이라는 발언은 당시 공직 사회에 큰 충격을 주었다. 이 발언은 관료는 단지 지시된 일을 수행하는 기계적 존재일 뿐이라는 인식을 강화시켰다. 당시 홍보처장은 막스 베버의 이론을 인용한 것이었으나, 언론 보도를 통해 이 발언이 확대 해석되면서 공무원 사회에 심리적 타격을 입혔다.* 결국, 이명박 정부 시절부터 공무원들은 정책 개발의 주체가 아니라, 단순한 정책 집행자로 전락하게 되었다. 공무원 사회는 이전 정권보다 더 위축되었고, 새로운 정책 아이디어를 제시하거나 과감한 개혁을 추진하기보다는 상부의 지시에만 따르는 행태가 만연하게 되었다.

박근혜 정부는 정책 공백 현상이 발생한 첫 번째 정권이었다. 박근혜 전 대통령은 이명박 정부와의 차별화를 시도하며 국정 운영

---

* 베버는 '프로테스탄티즘 윤리와 자본주의 정신'에서 "관료제는 개인 감정을 갖지 않는다"며 "이상적인 관료는 영혼이 없다"고 했다. 이는 공무원의 정치적 중립과 전문성을 강조한 표현이었다.

방식을 새롭게 정립하려 했으나, 충분한 정치권 보좌그룹을 확보하지 못했고 공무원 사회와의 관계도 원활하지 못했다. 이로 인해 국정 운영에서 관료와 정치권 보좌그룹 모두의 역할이 축소되면서 주요 정책 결정 과정에서 공백이 생겼다. 특히 박근혜 정부는 김기춘 비서실장을 비롯한 고령의 전직 공무원들을 주요 자리에 임명하면서, 직업 공무원들과의 거리감이 더욱 커졌다. 이로 인해 공무원 사회는 정책 추진에 있어 더욱 소극적인 태도를 보였고, 이는 정부가 정책을 효과적으로 집행하지 못하는 결과를 초래했다.

문재인 정부에 들어서면서 정치권 보좌그룹에 대한 의존은 더욱 심화되었다. 이전 정부에서 공무원들은 이미 정책 개발의 주체에서 배제되었고, 문재인 정부는 공무원을 통제 대상으로 인식하며 직권남용죄 적용을 강화했다. 이로 인해 공무원 사회는 더욱 위축되었고, 공무원들은 적극적인 정책 추진보다 직무 유기 상태를 선택하는 것이 더 안전하다는 인식을 갖게 되었다. 실제로 문재인 정부는 박근혜 정부 탄핵 수사를 통해 직권남용죄 적용을 본격화했으며, 이를 통해 이전 정부의 주요 정책을 적폐로 규정하고 관련 공무원들을 수사했다. 역사 교과서 국정화 정책에 참여했던 공무원 17명이 직권남용죄로 수사 의뢰되었고, 2016년 5,044건이던 직권남용 혐의 접수 건수가 2018년에는 14,345건으로 급증했다. 정작 기소율은 2018년 0.36%(53건)에 불과했고 줄곧 0.2~0.4%다. 형사 사건 평균 기소율(약 34%)의 100분의 1 수준이다. 이는 정치적으로 활용되었다는 것을 의미한다.

직권남용죄의 적용은 공무원들의 행동에 큰 변화를 가져왔다.

대법원 판결에도 불구하고 직권남용죄의 적용 기준이 명확하지 않아, 공무원들은 직권남용죄로 처벌받을 위험을 줄이기 위해 적극적으로 일을 추진하기보다는 소극적으로 업무를 수행하게 되었다. 공무원연금까지 박탈당할 수 있다는 두려움이 공무원 사회에 만연하면서, 공무원들은 자신의 책임을 최소화하는 방향으로 행동하게 되었다.

윤석열 정부는 정책 공백 현상이 다시 발생한 두 번째 정권이다. 문재인 정부 시절 강화된 직권남용죄 적용 흐름은 윤석열 정부에서도 이어졌으며, 이로 인해 공무원들은 국정 운영에서 완전히 마음을 닫았다. 윤석열 정부는 문재인 정부와 달리, 정치권 보좌그룹조차 충분히 확보하지 못해, 주요 정책 결정 과정에서 더욱 심각한 공백이 발생하고 있다. 특히 공무원들은 직권남용죄로 처벌받을 위험을 우려해 업무 추진을 꺼리고 있으며, 감사원이 수사를 요청하는 사례가 빈번해지면서 공무원 사회의 위축은 더욱 심화되고 있다.

◆ 적응하는 공직 사회

"정권은 유한하지만 공무원은 무한하다."

정치세력은 선거에서 지면 물러나지만 신분이 보장된 공무원은 계속 자리를 지켜 관료주의를 개혁하기 어렵다는 것을 빗댄 말이다. 지난 20년간 공무원이 국정 운영의 중심에서는 멀어졌지만 그렇다고 관료주의가 약화되지는 않았다. 정치권과 공생관계를 형성하면서 관료주의는 여전하다.

　이제 공무원은 책임질 일을 하지 않는다. 예전에는 공직 사회 내부에서도 왜 책임감이 없느냐며 하위직을 비판했다. 요즘은 그런 모습은 찾아보기 어렵다. 그러면 당신이 책임질 것이냐는 반론이 바로 나온다. 뭔가 중요한 전달사항이 있다고 하면 토씨 하나 틀리지 않게 메모를 하고, 심지어 녹취를 하기도 한다. 자칫 나중에 책임질 일을 피하기 위해서다.

　사실 공무원이 책임을 피할 수 있는 방법들은 많다. 우선 중요한 정책 이슈가 생기면 연구용역을 맡기면 된다. 연구용역은 통상 1년이 걸린다. 빨라도 6개월이다. 그러면 그 시간만큼 책임을 회피할 수 있다. 단순히 시간만 버는 것이 아니다. 본인이 하고 싶은 이야기를 연구용역을 통해서 할 수 있다. 만일 자신의 생각과 다르다면 연구용역 검수를 늦추면 된다. 나중에 논란이 생기면 그건 연구자의 책임이다. 용역은 다음 정권 실세에게 미리 줄을 서는 방법으로도 활용된다.

　국회의 요구가 많아지면서 공무원들의 역할도 정책기획에서 답변서 작성으로 무게중심이 옮겨갔다. 그렇다고 본인들의 심리적 부담이 커진 것은 아니다. 어차피 국회 질문이 나오면 공무원은 산하기관으로 넘기면 된다. 공무원은 단지 중간에서 취합만 할 뿐이다. 오히려 정책기획은 산하기관이 더 큰 역할을 하고 있다. 주기적으로 자리를 옮겨놓은 공무원과 달리. 전문성을 가지고 한자리에 오래 있다 보니 산하기관이 실제 업무 내용도 더 잘 안다.

　이제 공무원의 인재상이 달라졌다. '개떡같이 말해도 찰떡같이 알아듣는다.' 지금 공무원의 가장 중요한 덕목이다. 5년마다 바뀌는 정권의 요구에 얼마나 잘 순응하는지 여부가 중요하다. 단순히 시키는 일을 그대로 하는 것으로는 부족하다. 나중에 문제가 없어야 한다. 문제가 생기면 그건 곧 자신의 책임이기 때문이다. 뭔가 그럴듯하게 좋아 보이지만 실제로는 내용이 없는, 정말 새로워 보이지만 예전에도 했던 정책을 잘 포장하는 능력이 중요하다.

이렇게 승승장구한 공무원은 퇴직 후에도 여전히 많은 산하기관의 자리가 기다리고 있다. 2012년 288개였던 공공기관은 10년 사이 350개로 21.5% 늘었다. 정부위원회가 계속 늘어나는 것과 비슷하다. 공공기관의 확대는 정치권의 이해관계와 맞아 떨어진다. 정치권도 논공행상할 자리가 더 필요하다. 물론 공무원은 정치권보다 경쟁력이 뛰어나다. 평소 재산 신고를 하고 순환보직으로 여러 경험을 하기 때문에 경력 관리가 쉽다. 워낙 자리가 많다 보니 정치권 출신만으로는 자리를 못 채운다. 정치권 낙하산 논란도 반가운 일이다. 못 채운 자리는 결국 공무원의 몫이다. 정권에 참여하는 민간 그룹이 취약한 보수우파 정부일수록 더욱 그렇다.

◆ 정치 주도 개혁이 실패한 이유

정치의 목적은 국민 삶을 바꾸는 것이고, 이를 위해서는 제대로 된 정책을 구현해야 한다. 국민이 주권자인 상황에서 관료인 공무원에게만 맡길 수는 없다. 국민이 당연히 국정 운영에 관심을 갖고 참여해야 한다. 그런데 왜 지난 20년간 정책이 제대로 작동하지 못했고 오히려 정책 생태계가 무너지고 있는 것일까?

정치와 정책의 차이를 고려하지 않았기 때문이다. 정책을 정치의 하위 개념으로 인식하고, 정치하는 것처럼 정책을 했다. 그러다 보니 정책은 사라지고 정치만 남아버렸다. 국민과의 소통은 성공했을지 몰라도 정부 내 소통은 사라졌다. 그렇다면 정치와 정책은 어떤 차이가 있을까?

정치는 감성적이다. 선거에서 가장 중요한 표가 유권자가 불쌍해서 찍는 표라고 한다. 유권자의 마음을 얻는 것이 제일 중요하다. 반면, 정책은 이성적이다. 정책도 사람을 대상으로 하는 만큼 마음먹기에 따라 달라지는 부분도 있지만 대부분 논리에 따라 움직인다. 우리가 돈 풀기로 대표되는 포퓰리즘을 경계하는 이유다. 정치가 에너지를 제공한다면 정책은 가는 길을 보여준다. 정치와 정책은 요구하는 전문성도 다르다. 정치가 현장과의 소통을 바탕으로 사람들의 마음을 움직이는 능력이 중요하다면 정책은 전체 시스템을 보면서 작동할 수 있는지 판단하는 능력이 중요하다.

정치와 정책의 차이를 가장 잘 보여주는 사례는 토론이다. 정치인은 자신을 부각시키기 위해 토론을 한다. 토론에서 논리가 중요한 이유도 유권자의 마음을 얻기 위함이다. 정치 토론에서는 입장이 바뀌면 위험하다. 유권자의 신뢰를 잃을 수 있기 때문이다. 설령 상대 후보자의 비판에 수긍이 가도 쉽게 동의하면 안 된다. 자칫 상대가 그 틈을 비집고 들어와 유권자를 빼앗아 갈 수 있기 때문이다. 한 번 흔들리면 계속 무너질 수 있기에 최대한 버텨보고, 정 어렵겠다 싶으면 프레임을 전환해 빠져나가야 한다.

정책 전문가의 토론은 다르다. 정치 토론이 서로 얼굴을 맞대고 하는 것이라면 정책 토론은 함께 어깨를 맞대고 해야 한다. 책상에서 연구하는 전문가는 실제 현장의 모든 일을 알 수 없다. 당연히 논의 과정에서 바뀔 수 있다. 그래서 현장 인터뷰 과정에서 나온 이야기가 정책 방향에 맞는지 계속 점검해야 한다. 무엇보다 아는 것과 모르는 것을 구분하는 것이 중요하다. 만일 모르는 것이 미칠 위험이 크면 포기하는 것이 현명한 일이다.

그간 방송에서 본 정책 전문가 토론회는 진정한 정책 토론이 아닌 경우가 많다. 대부분 자신의 주장만 하고 상대의 이야기는 들으려고 하지 않는다. 많은 경우 토론 방식이 잘못되었다. 시청률 때문인지 정책 전문가들 간의 갈등을 부추긴다. 진정한 정책 토론은 사실관계부터 하나씩 풀어나가야 한다. 다행히 요즘 언론사도 바뀌는 것 같다. 시간 제한이 적은 유튜브를 통해 제공하는 정책 콘텐츠를 보면 전문가들이 나와 처음부터 하나씩 풀어간다.

'개혁'을 외치며, 파격적이지만 졸속으로 만들어 낸 정책을 들고 오는 국회의원들을 보면 불안하다. 정책 생태계는 공무원은 물론 대학교수, 출연연 연구자, 기업, 시민단체로 구성된 방대한 생태계다. 공무원 조직도 중앙부처만 있는 것이 아니다. 광역시·도 및 시·군·구청까지 실핏줄처럼 연결되어 있다. 중앙정부는 그 생태계의 중심에 있는 매우 강력한 조직이고, 마음만 먹으면 밖에서는 알 수 없는 내밀한 상황까지 하루 안에 파악할 수 있다. 전문성이나 경험이 부족한 정치인이 보고 들을 수 있는 정보는 극히 제한되어 있다.

정치인들은 이런 자신들의 위치를 잘 파악해야 한다.

국회의원들이 자신의 정책에 책임을 지지 않는다는 것도 문제다. 단순히 "직무상 행한 발언과 표결에 관하여 국회 외에서 책임을 지지 아니한다"는 헌법 제45조의 면책특권을 이야기하는 것이 아니다. 국회의원이 어떤 법안을 발의해서 통과하면 대통령이 거부권을 행사하지 않는 이상 행정부는 따라야만 한다. 그리고 그 법안의 결과가 어떻게 나타나든 그 책임은 행정부가 지게 된다. 권한과 책임의 불균형이 존재하는 것이다. 물론, 대통령은 거부권을 행사할 수 있고, 헌법재판소도 국회가 정한 법률의 위헌 여부를 심판할 수 있다. 하지만 한국은 미국, 독일, 프랑스, 일본, 영국에 비해 매년 10배 넘는 법률을 통과시키는 국가다. 20년 만에 10배나 폭증했다. 거부권과 위헌법률심판으로 견제가 가능한 수준이 아니다.

본회의 회당 평균 법안 통과/반영 수

	연평균 개회일수	연평균 법안 통과/반영수	회당 평균 법안 통과/반영 수
영국	160	31	0.2
프랑스	132	88	037
독일	110	136	1.2
미국	138	193	1.4
일본	54	112	2.1
한국	46	2,200	47.8

자료: 본회의 평균 개회일수에 대한 자료는 전진영(2019), 법안 관련 수치는 20대 국회 기준임

출처: 더 많은 입법이 우리 국회의 미래가 될 수 있을까(박상훈, 국가미래전략, 2020.10.15.)

결국 정치도 사람이 하는 것이다. 제대로 된 개혁을 위해서는 정

치인들의 학습 능력과 설득 능력, 그리고 '양'보다는 '질'에 집중하는 태도가 무엇보다 중요하다. 정책 생태계에서 빠른 성과보다는 제대로 된 성과를 낼 수 있도록 전문가들을 신뢰하고, 현장과 소통해야 한다. 그러면서 공무원들을 움직일 방법과 설득할 논리를 만들어 내야 한다. 개혁은 신속하고 과감해야 하지만, 그 준비 과정마저 그래서는 안 된다.

경제 성장만이
살길이다

멈춰선 한국 경제, 혁신 없는 부채 성장

◆ 멈춰선 산업 혁신, 중국에 따라 잡혀

'S커브(S-Curve)'라는 기술 혁신 이론이 있다. 기술 개발 초기에는 완만한 성장세를 보이다가, 투자와 시험이 마무리되면 기하급수적인 성장을 나타내고, 정점에 다다르면 투자를 계속해도 한계에 도달해 대체 기술이 등장할 때까지 성장이 더디게 나타난다는 이론이다. 따라서 기술이 한창 발전할 때 다음 S커브를 그릴 수 있는 기술을 준비해야 한다.

이 이론은 국가나 기업 경영에도 그대로 적용된다. 기존 산업의 혁신이 정점에 도달한 경우에는 신산업으로 전환해야 계속 경제가 성장할 수 있다. 그렇지 못하면 운이 좋아야 현상 유지다. 경쟁하는 국가나 기업이 없다면 기존 가격을 유지할 수 있다. 하지만 후발주자가 치고 올라와 대등하게 경쟁할 수준이 되면 가격을 내려야 한다. 그렇게만 되어도 다행이다. 만일 완전히 대체할 새로운 산업이 나타나면 기존 산업을 접어야 한다.

우리나라는 경공업에서 시작해 두 번의 성공적인 S커브를 그렸다. 1965년 주력 산업은 섬유와 의류 같은 경공업과 철광석과 같은 원자재를 수출했다. 첫 번째 S커브를 그리면서 1985년에는 반도체, 석유제품, 선박 등을 수출하면서 중화학공업으로 전환했다. 두 번째 S커브를 그리면서 2005년에 자동차, 무선통신기기, 컴퓨터 등을 수출하는 첨단 제조업 경제로 전환에 성공했다. 하지만 거기까지다. 이후 한국의 수출제품은 달라지지 않았다.

출처: Korea's next S-curve: A new economic growth model for 2040
(맥킨지 코리아 리포트 2023)

한국은 두 차례의 벤처 붐을 경험했다. 첫 번째는 1990년대 후반 김대중 정부 시기로, 네이버, 인터파크, 다음 같은 기업들이 설립되었다. 당시 외환위기를 극복하며 인터넷 강국으로 도약하는 전환점이 되었다. 두 번째는 문재인 정부 시기로, 벤처기업 수와 투자가 증가하고 정책 지원이 강화되면서 쿠팡, 크래프톤, 배달의민족 같은 기업들이 성장했다.

두 번의 벤처 붐은 한국이 새로운 S커브를 그리는 데 그리 큰 도움이 되지 못했다. 기술 경쟁력보다 아이디어 기반으로 내수 시장에 집중했기 때문이다. 네이버와 카카오는 해외 진출을 시도했으나, 미국과 중국의 빅테크에 밀려 글로벌 시장에서 성과를 내지 못했다. 이들 기업은 기술력에서 빅테크를 능가하지 못했으며, 자본 규모에서도 열세였다. 쿠팡과 배달의민족 같은 기업들은 내수 시장 중심으로 운영하고 있다.

더 큰 문제는 기존 산업의 경쟁력이 저하되고 있다는 점이다. 조선, 화학, 디스플레이는 물론, 자동차까지 중국의 추격이 무섭다.

중국은 조선업에서 대규모 정부 지원과 저렴한 인건비를 바탕으로 대형 선박과 해양 플랜트 분야에서 급격히 성장하며 세계 시장에서 점유율을 확대했다. 반면, 한국은 고부가가치 선박 중심으로 차별화를 시도하고 있지만, 기술적 우위를 유지하는 데 어려움을 겪고 있다.

화학 산업에서는 중국이 석유화학 제품의 생산 능력을 지속적으로 늘리며 에틸렌 등 기초 화학물질의 대량 생산을 통해 가격 경쟁력을 확보하고 있다. 이로 인해 한국 화학 산업은 기술력과 품질로 대응하고 있지만, 공급 과잉으로 인한 가격 하락 압박이 심화되고 있다.

디스플레이 산업에서는 중국이 대규모 투자를 통해 LCD 패널 생산 능력을 급격히 확대하며 주요 공급자로 자리 잡았다. 한국은 OLED와 같은 차세대 디스플레이 기술을 통해 시장에서의 우위를 유지하려 하고 있지만, 중국의 기술 추격과 가격 경쟁으로 경쟁 구도가 날로 심화되고 있다.

자동차 산업에서도 중국의 성장세는 두드러진다. 중국 자동차 제조업체들은 내수 시장의 확대와 기술력 향상을 바탕으로 전기차 분야에서 특히 두각을 나타내며 글로벌 시장으로 빠르게 진출하고 있다.

한국의 중점과학기술 수준 국제 비교

	대한민국 기술수준평가 120개 중점과학기술[1] 2012-2020년			주요 국가별 기술수준평가 2020년			
	2012년		2020년	중국	일본	EU	미국
최고	0	+0	0	1	8	28	97
선도	36	-32	4	2	38	78	17
추격	83	+20	103	97	71	14	6
후발	1	+12	13	20	3	0	0

[1] 제4차 과학기술기본계획(2018-2022년) 상의 120개 중점과학기술.
자료: 한국과학기술기획평가원

출처: Korea's next S-curve: A new economic growth model for 2040 (맥킨지 코리아 리포트 2023)

기술 경쟁력을 비교해 보면 현재 우리 산업이 얼마나 위험한 상황인지 잘 알 수 있다. 2012년 36개이던 선도기술은 36개에서 11.1% 수준인 4개로 줄었다. 대신 다른 나라 기술을 추격하는 경우가 20개 늘었고 12건은 후발주자다.

◆ 산업 경쟁력 악화가 불러온 수도권 집중 심화

수출 중심 국가인 한국에서 산업 경쟁력의 하락이 미치는 영향은 매우 크다. 이를 가장 잘 알 수 있는 사례가 창원공단이다. 기계 공업의 중심지였던 창원공단에서 청년이 수도권으로 떠나고 있다. 높아지는 눈높이와 물가만큼 기업이 임금을 지급할 수 없기 때문이다. 그렇다고 떠난 이들의 미래가 희망적인 것도 아니다. 이들은 수도권에서 더 치열하게 경쟁해야 한다.

우선 제한된 면적을 가진 도시에 많은 사람이 몰리면 자연스레 주거비가 올라간다. 지방보다 많다고는 하지만, 수도권이라고 양질의 일자리가 많은 것도 아니기에 경쟁은 치열할 수밖에 없다. 안정된 일자리가 점점 줄어들면서 아이들 사이에서도 경쟁이 심해지고 교육비 지출이 늘어난다. 이런 어려움을 모두 감당할 수 있는 청년들만 결혼과 출산이라는 특권을 누릴 수 있다.

이런 현상은 비단 한국에서만 일어나는 것은 아니다. 도시 집중도가 높은 아시아 국가들은 비슷한 경험을 하고 있다. 도시 집중도가 유독 높은 5개 국가의 출산율을 보면, 한국은 0.72명으로 가장 낮고, 홍콩 0.77명, 싱가포르 0.97명, 대만 0.87명, 태국 1.0명으로 모두 낮은 수준을 보인다. 이러한 수치는 높은 주거비와 도심에 과도하게 집중된 일자리가 출산율 저하로 연결되고 있음을 시사한다. 한국은행도 〈초저출산 원인 분석(2023년)〉에서 OECD 평균의 4배나 되는 도시 집중도를 낮추면 OECD 평균 합계출산율과의 차이를 절반 정도 줄일 수 있다고 분석했다.

주택 가격 상승은 단순히 개인의 삶에 영향을 미치는 문제를 넘어, 국가 경제와 사회구조에 심각한 변화를 일으키고 있다. 특히 출산율 하락과 청년층의 경제적 불안정은 부동산 가격 상승과 깊은 연관을 가진다. 2022년 국토연구원의 연구에 따르면, 주택 가격 상승은 출산율 하락에 미치는 영향이 점점 커지고 있으며, 이러한 현상이 주는 충격은 갈수록 짧은 주기로 반복되고 있다. 2018년은 한국의 합계출산율이 처음으로 1.0명 이하로 내려간 해였다. 이 시기는 서울의 아파트 가격이 급격히 상승하기 시작한 때와 겹친다.

지난 10년간 급격한 부동산 가격 상승은 청년 세대의 성장 사다리를 제거했다. 현재 청년층에게 가장 큰 경제적 부담은 주거비로, 이는 단순히 경제적 문제를 넘어 세대 간 불평등을 심화시키는 구조적 원인이 되고 있다. 부모로부터 자금을 지원받는 경우에는 아파트 구입을 통해 자산을 축적할 수 있지만, 그렇지 못한 경우에는 전세자금을 마련하기 위해 대출을 받아야 한다. 안타까운 사실은 그것마저 안 되어서 포기하는 청년들이 빠르게 늘고 있다는 점이다.

◆ 혁신 없는 부채 성장, 부동산 가격 폭등

 혁신이 없는 국가에서는 통화량이 늘어나도 생산성이 올라가지 않는다. 대신 자산 가격과 물가 상승을 초래할 뿐이다. 여유자금이 있는 부자는 좋을 수 있다. 물가 상승률 이상으로 자산 가격이 올라갈 수 있기 때문이다. 반면 서민은 어렵다. 임금이 물가 상승률을 좇아가지 못하면 삶의 질이 더 떨어진다.

 특히 부동산 가격 상승은 경제에 큰 부담으로 작용한다. 단기적으로는 부동산 가격 상승으로 자산 가치가 높아져 소비가 촉진될 수 있지만, 생산성이 정체된 상황에서 부동산 가격만 오르는 것은 심각한 문제다. 부동산 가격 상승만큼 소득이 증가하지 않기 때문이다. 결국 사람들은 돈을 빌리게 되고, 이로 인해 부채가 늘어나 경쟁력이 약화된다.

 부동산을 사기 위해 빚을 지면 금융 시스템의 위험도 커진다. 만약 부동산 가격이 급락해 집값이 빚보다 낮아지면 연쇄적인 파산이 발생할 수 있다. 설령 부동산 가격이 유지되더라도 이자 부담이 커져 소비가 줄어들게 된다. 뿐만 아니라, 자금이 부동산으로 몰리면서 산업을 성장시키는 데 필요한 자본이 부족해진다. 더 나아가 부동산 가격 상승만을 기대하며 본업을 포기하고 투자에만 매달리는 경우도 생긴다. 이는 국가 전체의 생산성을 더욱 악화시킨다.

 모든 투자에는 버블이 따르지만, 신기술이나 신산업에 투자해서 생긴 버블과 부동산 투자로 생긴 버블은 결과가 다르다. 미국의 사례가 이를 잘 보여준다. 1990년대 후반 닷컴 버블은 붕괴 이후에도 아마존, 구글 같은 혁신 기업을 통해 경제적 부가가치를 창출했다. 인터넷이 필수불가결한 세상이 되었기 때문이다. 반면, 2000년대 중반의 서브프라임 모기지 사태로 붕괴된 부동산 버블은 미국은 물론 전 세계 경제를 마비시켰다. 이로 인해 많은 미국인이 경제적으로 큰 충격을 받았고, 일부는 노숙자로 전락했다.

한국의 상황도 크게 다르지 않다. 부동산 가격 상승은 자산 소유자에게 자산 증식을 의미하지만, 이는 소수에게만 해당하는 이익일 뿐이다. 다수의 비(非)소유 계층에게는 상대적 박탈감을 안기며, 이 과정에서 발생한 부채는 경제 충격에 매우 취약하다. 이는 국가 경제에 부담으로 작용한다. 일본의 사례는 이를 잘 보여준다. 버블 경제 붕괴 이후 일본은 30년간 경제 정체에서 벗어나지 못했다. 이러한 교훈은 부동산 가격 상승이 지속 가능한 성장 모델이 아님을 명확히 시사한다.

유럽처럼
행복할 수 있다는 환상

◆ 미국과 점점 격차가 커지는 유럽

2023년 7월, 유럽 국제정치경제센터(ECIPE, European Centre for International Political Economy)가 발표한 보고서 'EU가 미국의 주였다면?(If the EU was a State in the United States)'은 유럽 경제계와 정치권에 큰 반향을 일으켰다. 이 보고서에 따르면, 2021년 기준으로 EU의 중심 국가인 독일과 프랑스는 각각 미국의 39번째와 49번째에 해당하는 GDP 수준을 기록했다. 특히, 프랑스의 하락 속도가 가파르다. 2000년에는 37위였는데, 이제는 미국 50개 주 중에서 최하위 수준으로 추락했다. 여기에 과도한 복지 부담 증가와 맞물리면서 국가 신용도도 하락했다. 프랑스 국채의 금리는 한때 국가 부도가 발생했던 그리스와 비슷한 수준으로 올랐다.

미국과 EU의 GDP는 원래 비슷한 수준이었다. 2000년대 초반 미국이 EU를 넘어서기도 했지만, 2008년 미국발 금융위기로 유럽이 다시 역전하기도 했다. 문제는 그 이후다. GDP 상승 속도가 더 빨라지는 미국과 달리, EU는 거의 성장하지 못하고 있다. 유럽은 총요소생산성(TFP, Total Factor Productivity)이 낮고, 연구개발(R&D) 비용도 40%나 적게 쓴다. 시장 역동성도 떨어지고, 부족한 인프라 투자에도 소극적이기 때문이다. IMF는 이런 추세가 지속되면 2028년 미국과 EU의 격차가 50% 이상 벌어질 것으로 예상하고 있다.

출처: wordbank(2025.3.)

미국과 EU의 격차는 기업의 시가총액에서 그대로 나타난다. 지난 22년(2000~2022년) 동안 유럽 3대 증시(영국·독일·프랑스)가 합해서 49% 성장할 때, 미국 증시는 172% 불어났다. 2025년 1월 기준 글로벌 시가총액 30대 기업을 보더라도 미국이 24개로 압도적이다. EU는 아시아와 함께 각각 3개씩 보유하고 있을 뿐이다. 100대 기업으로 범위를 넓혀도 15개 정도다. 비만 치료제를 개발한

덴마크 노보노디스크, 반도체 장비의 강자인 네덜란드 ASML과 같은 혁신기업도 있지만, 프랑스의 루이뷔통, 영국의 쉘처럼 상당수 기업은 혁신과 거리가 있다. 영국의 아스트라제네카와 같은 제약회사도 과거와 같은 경쟁력을 보여주지는 못하고 있다.

◆ 혁신에 부정적인 유럽의 제도와 문화

2024년 9월, 마리오 드라기 전(前) 유럽중앙은행 총재는 〈EU 경쟁력의 미래(The future of European competitiveness)〉라는 보고서를 EU 집행위원회에 제출했다. 보고서는 EU가 미국 및 중국과의 혁신 격차를 좁히고, 탈탄소를 산업화하며, 지정학적 위험을 관리해야 한다는 세 가지 정책 방향을 제시했다. 이를 위해 연간 약 7,500억 유로 이상의 추가 투자가 필요하며 재원 마련을 위해 EU 차원의 공동부채를 발행해야 한다고 주장했다. 물론, 유럽에서는 EU의 복잡한 의사 결정 구조 때문에 그의 제안이 실행될 가능성을 낮게 보고 있다.

만일 그의 제안대로 재정이 투입된다면 문제를 해결할 수 있을까? 그 가능성은 매우 낮다. EU의 문제는 재정이 아니라 제도와 문화에 있기 때문이다.

유럽은 변화와 혁신 대신 안정을 선호하는 분위기가 형성되어 있다. 전통 산업을 중요하게 생각하고 안정적인 직업을 선호한다. 기술 혁신이 개인의 프라이버시, 고용 안정성, 환경에 미치는 부정적인 영향을 우려하는 목소리가 크다. 인공지능(AI)이나 유전자 편집 같은 기술에 대해 유럽은 미국이나 아시아보다 훨씬 보수적이다. 일단 시작해 보고 나오는 문제를 확인하기보다 미리 발생할 가능성이 문제를 열거하고, 이를 막기 위한 방법을 먼저 찾는다. 이는 높은 규제장벽으로 이어진다.

높은 규제장벽은 자본으로 하여금 혁신을 기피하게 만든다. 2019년 기준으로 EU는 약 13,000개의 법안을 통과시켰고, 미국은 3,000개의 법안과 2,000개의 결의안을 통과시켰다. 신설 규제가 많아지면, 불확실성이 그만큼 커지기 때문에 자본은 투자를 꺼리게 된다. 이는 리스크가 높은 스타트업과 첨단기술보다는 안전자산에만 투자하는 성향으로 이어진다. 반면, 미국과 중국은 탄탄한 자본시장과 국가적 지원을 바탕으로 첨단 산업에 대규모 투자를 지속해 빅테크 주도의 성장을 이어가고 있다. 혁신을 선호하는 자본은 더이상 유럽에 투자할 이유가 없는 것이다.

강한 관료주의도 혁신에 부정적이다. EU는 여러 국가가 모인 연합체이기 때문에 정책을 결정하고 실행하는 데 시간이 오래 걸린다. 특히, 독일과 프랑스의 관료주의는 유명하다. 프랑스는 국가 경제에서 공공 분야 비중이 매우 높다. 전체 노동인구의 약 4분의 1이 공공 분야에서 일하고 GDP의 56%가 공공지출로 사용된다. 행정구조도 복잡하고 규제도 많다. 공공 분야는 성과보다 규정이 중요하다. 독일은 EU 내에서도 행정 처리 속도가 느리고 서류 작업이 복잡한 것으로 유명하다. 전자정부로의 디지털 전환이 이뤄지지 못하고 있어서 웬만한 행정 처리는 수개월을 기다려야 한다.

높은 에너지 비용도 유럽의 발목을 잡고 있다. 높은 에너지 비용은 기업의 경상비를 증가시키고 국제 경쟁력을 약화시킨다. 에너지 비용이 높아짐에 따라 제조업과 첨단 산업의 생산 비용이 상승하고, 이는 글로벌 시장에서 유럽 제품의 가격 경쟁력을 약화시킨다. 또한, 에너지 공급원을 외부에 지나치게 의존하는 점도 경제 안정에 큰 위험 요인으로 작용한다. 러시아가 우크라이나를 침공하면서 유럽에 대한 에너지 공급 중단을 무기로 삼을 수 있었던 이유도 여기에 있다.

여기에 전통적으로 경직적인 유럽의 노동 시장도 혁신을 가로막는 주요 원인 중 하나로 작용한다. AI나 친환경 기술 같은 신흥 산업에서는 인재와 자원이 유연하게 재배치될 수 있도록 하는 것이 필요하다. 하지만 유럽의 노동 관련 법과 제도는 이러한 유연성을 제공하지 못하고 있다. 때문에 유럽 국가들의 근로 시간은 미국에 비해 짧고, 고용 유연성도 낮아 산업구조 전환에 필요한 인재를 공급하지 못한다.

결국, 기업, 자본, 사람 모두 유럽을 떠나고 있다. 2008년부터 2021년까지 유럽에 설립된 '유니콘'의 30% 정도가 본사를 미국 등 해외로 이전했다. 기업뿐만이 아니다. 유럽의 인재들도 해외로 떠나고 있다. 이를 가장 잘 보여주는 사례가 이른바 'AI 4대 천왕'이라 불리는 이들이다. 미국에서 AI의 발전에 크게 기여한 4명의 석학이 모두 유럽 출신이다. 메타 AI 수석과학자 겸 뉴욕대 교수인 얀 르쿤은 프랑스에서 박사학위를 받았다. '딥러닝의 아버지'라 불리는 제프리 힌턴 토론토대 명예교수는 영국인이다. 앤드루 응 스탠

퍼듀대 교수는 부모가 홍콩계 영국인이고, 요슈아 벤지오 몬트리올대 교수는 프랑스인이다. 자본도 더 이상 복잡한 규제를 견디지 못하고 투자를 연기하거나 해외로 빠져나가고 있다.

혁신에 부정적인 문화는 사람의 의지를 꺾는 규제를 만들어 낸다. 혁신에 가장 필수적인 것은 기업가 정신을 가진 사람의 의지다. 하지만 규제는 이런 의지를 조금씩 꺾어버린다. 담당 공무원의 의지나 재량으로 바꿀 수 있는 것도 아니다. 한 번 만들어진 규제는 바꾸는 절차가 복잡해 쉽게 수정할 수도 없다. 결국 문제를 해결하거나 성과를 낸 경험 없이 시도조차 막히게 된다. 이런 상황에서 기업가는 "절이 싫으면 중이 떠나야 한다"는 우리 속담처럼 결정을 해야 한다. 자신의 의지를 꺾거나 아니면 그 의지를 펼칠 수 있는 다른 나라로 떠나야 한다. 미국은 그런 유럽 사람들이 이민을 가서 만든 국가다.

◆ 유럽보다 나빠진 한국의 혁신 환경

유럽을 따라 하기 시작한 한국

2009년, 금융위기 직후 한국에서는 제러미 리프킨의 《유러피안 드림(The European Dream)》이 큰 반향을 일으켰다. 노무현 전 대통령은 퇴임 후 이 책을 세 번이나 읽으며 "정말 잘 쓴 책"이라고 평가했고, 이 책이 《진보의 미래》 저술을 결심하게 한 계기라고 밝혔다.

미국의 미래학자, 리프킨은 미국이 변화하는 세계에 적응하지 못하고 있다고 비판했다. 그는 계층 간 신분 상승이 활발하려면 빈부 격차가 작아야 하는데, 미국은 그렇지 못하다고 지적했다. 반면, 유럽은 근무 시간이 짧아도 노동과 삶의 질을 균형 있게 누릴 수 있는 시스템을 갖추고 있다며, 이는 미국이 구시대적 가치를 좇는 반면, 유럽은 새로운 가치를 추구하기 때문이라고 설명했다.

양극화 문제가 사회 주요 이슈로 대두되던 한국은 미국발 금융위기로 미국 경제가 침체를 맞이하고 유럽에 GDP가 역전당하는 상황까지 오자 유럽의 가치와 제도를 본격적으로 받아들이기 시작했다. 일제강점기에 형성된 일본식 제도, 해방 이후 도입된 미국식 제도 위에 유럽식 제도가 올라갔다. 문제는 유럽조차 힘들어하는 제도를 유럽과는 상황이 많이 다른 한국이 도입했다는 점이다. 특히 유럽 제도에 대한 이해가 부족한 상황에서 한국식 밀어붙이기와 연결되면서 도입된 많은 규제는 새로운 성장 동력을 찾지 못해 힘들어하던 한국의 산업을 본격적으로 무너뜨리기 시작했다.

탈원전과 개인정보 규제는 한국의 강점인 산업을 뿌리째 흔들었다. 원자력 산업은 한국에 가장 강점이 있는 산업이다. 그런데 문제인 정부는 독일의 탈원전을 모방하면서 원전을 축소하기 시작했다. 이 정책의 파장은 단순히 국내 원전 규모의 축소에 그친 것이 아니라 종사자들마저 떠나게 함으로써 우리의 원전 수출 경쟁력에 큰 타격을 입혔다. 여기에 에너지 가격 상승에 따른 전기료 부담을 완화하기 위해 산업용 전기료를 올렸고, 이는 전반적인 산업 경쟁력의 발목을 잡았다.

정작 유럽도 같은 목소리를 내지는 않았다. 국가별 상황이 크게 다르다. 프랑스는 한국보다 높은 원전 의존도를 유지하면서 세계 시장에서 한국 기업과 경쟁하고 있다. 프랑스는 전체 전력 생산 중 69%를, 한국은 29.6%를 원전에 유지하고 있다.

개인정보에 관해서도 우리는 유럽을 따라갔다. 유럽은 개인정보 규제에 매우 진심이다. 이는 개인의 가치를 중시하는 문화적 배경도 있지만, 미국 빅테크 기업이 유럽 시장을 독점하고 있다는 점도 크게 작용한다. 때문에 유럽은 규제를 완화해도 결국 미국 기업만 이득을 본다고 판단하고 규제로 틀어막은 것이다. 한국도 자국민과 시장 보호를 위해 유럽의 규제를 따라 하면서 미국 빅테크가 힘을 못 쓰는 시장이 되었다. 하지만 이런 규제는 동시에 한국 기업들의 국제 경쟁력도 약화시키고 있다. 특히, 데이터를 활용해야 하는 인공지능 산업에서는 이러한 개인정보 규제가 치명적으로 작용한다.

유럽보다 심한 한국의 규제

우리의 미래는 유럽보다 더욱 위험하다.

이렇게 판단하는 이유는 중대재해처벌법, 신의료기술평가와 같이 유럽에는 없는 한국식 규제가 있기 때문이다. 유럽 사람들조차 이해하기 어렵다는 화학물질 안전 규제도 있다. 생명윤리심사나 유전자검사정보 활용은 아예 원천 차단한다.

한국은 작업장 안전을 강화한다면서 중대재해처벌법을 제정했다. 기존 산업안전보건법에도 이미 처벌규정이 존재하지만 별도로 처벌 강화를 위한 법을 제정한 것이다. 그러면서 외국과 비교하기 어려울 정도로 처벌이 강해졌다. 예를 들어 한국은 작업장 안전사고가 발생하면 경영책임자를 '1년 이상' 징역형에 처하는 유일한 국가다. 다른 나라도 사고가 발생하면 형사처벌을 하는 규정은 있다. 하지만 형량 하한선까지 둔 나라는 없다. 이를 두고 주한 외국 기업인들은 '오잉크(OINK: Only In Korea) 리스크'라고 한다. 다른 나라에는 없는 한국에만 있는 독특한 위험이란 의미다. 실제 다국적 기업 CEO들에게 한국은 기피 국가 중 하나다.

중대재해처벌법이 시행되고 3년이 지났지만 나아진 것은 없다. 상위 20대 건설사의 사상자는 오히려 증가했다. 다른 산업 분야로 확대해 봐도 마찬가지다. 반면, 중대재해처벌법 유죄판결의 90%가 집중된 중소기업은 큰 타격을 입고 있다.

의료기기 산업 관련해서도 한국은 전 세계적으로 유일한 규정을 보유하고 있다. 의료기기를 개발하면 시장에서 판매하기 전에 의료기술 승인을 받아야 한다. 식약처의 의료기기 승인을 받더라도 의사가 사용해도 되는지 보건복지부에서 별도로 평가한다. 이 평가를 통과하지 못하면 상업용으로 판매할 수 없다. 의료기술의 안전성과 유효성을 평가하는 국가들은 있다. 하지만 평가를 통과해야만 시장 진입 자체가 가능하도록 하는 국가는 한국이 유일하다.

그 연장선상에서 생명윤리법도 문제다. 생명윤리법은 사람을 대상으로 하는 연구에 대해 기관의 심사를 사전에 받도록 하고 있다. 제도 자체는 모든 선진국에도 있는 필요한 제도다. 문제는 운영이다. 미국, 일본 등 선진국은 심사기준이 명확하다. 과학적 시각에서 연구 참여자의 안전과 권리 보호에 집중한다. 반면에 우리는 과학이 아닌 윤리적 시각으로 접근한다. 연구에 대한 심의를 전문성이 있는 대학병원보다 윤리를 중시하는 국가생명윤리정책원에서 독점하다 보니 통제를 위한 통제가 만연한다. 기업은 영업비밀인 홍보 및 판매계획서까지 제출해야 인증을 획득할 수 있을 정도이고, 민간검사의 유전자검사를 통해 나온 정보는 윤리라는 잣대를 내세워 사실상 사용을 차단한다.

화학물질에 관한 규제도 우리 산업의 발목을 잡고 있다. 98명의 사망자와 수십만 명의 건강피해자를 발생시킨 이른바, '가습기 살균제 사건'은 화학물질의 안전성 평가 및 관리에 대한 사회적 공감대를 확대시키며 2013년 '화학물질의 등록 및 평가 등에 관한 법률(이하, 화평법)'의 제정으로 이어졌다. 유럽의 REACH(Registration Evaluation Authorization and of Chemicals) 제도를 벤치마킹했다고 하는데, 주한 유럽 상공회의소도 지키기 어렵다고 할 정도로 강도가 높고 복잡하다. 정작 정부의 평가기준은 허술하다. 노출량을 고려하지 않기 때문에 한국의 규제 근거는 국제적으로 인정받지 못한다.

그렇다 보니 2019년 일본의 수출 규제에 대응해 정부가 '소부장(소재·부품·장비)' 산업 육성을 추진할 때는 화평법을 장애물로 지목하기도 했다. 미국, 일본, 중국은 정부가 직접 시험·평가를 하고 필요한 경우에만 기업에 추가 자료 제출을 요구하는데, 우리는 기업들이 직접 정부에 등록하도록 제도를 운용한다는 점도 특이하다. 등록에는 막대한 비용과 시간이 들어가기 때문에 중소기업의 입장에서 새로운 제품 개발은 꿈도 못 꾼다.

◆ **한국을 떠나는 기업과 인재**

한국에서 규제 개혁은 경제위기를 설명할 때 등장하는 일종의 수식어로 전락했다. 더 이상 구체적인 규제 개혁의 내용을 두고 갑론을박하지 않는다. 정부가 발표한 4대 개혁에도 규제 개혁은 없다. 산업계도 더 이상 규제 개혁을 요구하는 목소리를 강하게 내지 않는다. 이는 규제 환경에 성공적으로 적용했기 때문이 아니다. 규제의 가장 무서운 기능, 사람으로 하여금 포기하게 만드는 기능이 작동했기 때문이다.

결국, 한국의 벤처 기업들이 해외로 이전하는 '플립(Flip)' 현상이 지속되고 있다. 2018년 101개에서 2024년 186개까지 매년 증가하고 있다. 한국은 규제로 인해 사업을 할 수 없기 때문이다. 투자 환경이 점점 나빠지는 영향도 크다. 인공지능 기업이 해외에 본사를 만들면 국내 규제를 받지 않고 사업을 할 수 있다. 민감한 데이터가 아니면 해외에서 처리하는 것이 문제가 되지 않는다. 2022년 한국무역협회 조사에서 응답자의 4분의 1이 해외 진출을 고려하고 있다고 했다.

"한국은 기업 수출대국이다."

미국 제조업 복귀를 지원하는 단체 '리쇼어링 이니셔티브(Reshoring Initiative)'는 2023년 보고서에서 한국을 이렇게 진단했다. 한국 기업이 미국, 유럽의 보조금 정책에 따라 이들 국가에 공장을 신설하고 있다. 특히 미국은 새로 생긴 일자리의 14%가 한국 기업 투자일 정도로 투자가 활발하다. 한국 기업에게 높은 규제 부담을 피하고 낮은 인건비를 활용할 수 있는 베트남, 말레이시아, 인도네시아 등 동남아도 인기 지역이다. 정작 국내로 다시 들어오려는 기업은 약속된 보조금이 지급되지 않는 등 상당한 어려움을 겪고 있다.

인재도 마찬가지다. 산업이 있어야 인재가 자기의 꿈을 펼칠 수 있다. 기업이 없고 산업이 발전하지 못하는 상황에서 대학이나 공공연구소만으로는 한계가 있다. 인재를 떠나지 않게 묶을 수는 있지만 이들에게 빠르게 발전하는 기술 변화까지 체감하게 할 수는 없다. 특히 인공지능 분야가 그렇다. 한국을 위해 일하겠다고 생각했던 대학생도 해외 학회에서 선배를 만나고 나면 생각이 바뀐다. 한국에서는 할 수 없는 것을 미국에서는 할 수 있기 때문이다.

아무 일도 하지 않으면 아무런 문제가 생기지 않는다. 혁신과 경제에서 이것만큼 위험한 말은 없다. 땀 흘려 농사를 짓지 않으면 곡식을 거둘 수 없다는 아주 평범한 진리를 이제는 잊어버렸다.

일본처럼
버틸 수 있다는 착각

◆ **일본보다 심각한 저출산 고령화**

2023년, 한국은 1인당 국내총생산(GDP)에서 일본을 추월하며 경제적 위상이 크게 변화했다. 반도체와 배터리 같은 미래 성장 동력에 적극 투자하며 글로벌 시장에서 경쟁력을 강화했다. 특히, 일본과 다르게 IMF 금융위기 이후 부실기업을 과감히 정리하며 경제 효율성을 높이고, 기술 혁신과 산업 전환에 성공했다는 평가를 받았다. 반면 일본은 고령화와 장기 침체 속에서 신산업 경쟁력을 잃고 정체된 모습을 보여 대조를 이룬다.

그러나 한국도 저출산·고령화라는 구조적 도전에 직면하면서 일본의 전철을 밟을 것이라는 우려가 제기된다. 이를 지나치게 비관적으로 볼 필요는 없다는 의견도 있다. 일본이 장기 침체를 겪고도 안정적으로 살아가고 있다는 점에서, 한국 역시 수축 사회의 전환을 준비하며 성장 중심 사고를 넘어서야 한다는 주장이다. 물질적 풍요보다 정서적 만족을 중시하며 현재 생활 수준에 만족하자는 것이다.

이러한 주장은 "일본도 저성장에 적응하며 잘 살고 있으니, 한국도 적응하면 된다"는 인식을 바탕으로 하고 있다. 하지만 한국이 일본처럼 생활 수준을 유지하며 살아갈 수 있을까? 안타깝게도 현재 상황에서는 한국이 일본보다 더 어려운 환경에 직면할 가능성이 크다.

우선, 합계출산율에서 한국과 일본의 격차는 크다. 2022년 기준 일본은 1.31명, 한국은 0.78명으로 한국은 일본의 절반 수준에 가깝다. 통계청 추계에 따르면, 2072년에는 일본에서 생산연령인구(15~64세) 1명이 0.98명을, 한국에서는 1.18명을 부양해야 한다. 표면적으로는 부담이 비슷해 보이지만, 부양 대상 구성에서 차이가 있다. 일본은 피부양인구 중 노인 비율이 0.77명으로 낮은 반면, 한국은 1.04명으로 여전히 높은 수준을 유지한다. 이는 일본이 부양 인구에 어린이 비율이 상대적으로 많아 부양 부담이 덜하다는 것을 의미한다.

한국과 일본의 인구성장률, 연령구조 및 총부양비 비교(2022, 2072년)

(단위: %, 생산연령인구 1백명당, 가임여자 1명당, 세)

		인구성장률		연령구조(구성비)						부양비				인구변동요인			
				2022년			2072년			2022년		2072년		합계출산율		기대수명	
		'22-'27	'67-'72	0-14	15-64	65+	0-14	15-64	65+	총부양비	노년	총부양비	노년	2022년	2072년	2022년	2072년
한	국[1]	-0.1	-1.3	11.5	71.1	17.4	6.6	45.8	47.7	40.6	24.4	118.5	104.2	0.78	1.08	82.7	91.1
일	본	-0.5	-0.8	11.6	58.5	29.9	11.0	50.3	38.7	71.1	51.2	98.8	76.9	1.31	1.51	84.8	90.9

주1) 인구성장률은 연평균 지수증가율 'ln(P₁/P₀)/t×100'

출처: 장래인구추계: 2022-2072년(통계청, 2023.12.)

50년 후의 일이니 지금 40대는 신경 쓰지 않아도 된다고 생각할 수 있다. 하지만 그렇지 않다. 부양 부담이 늘어나는 속도가 빠르기 때문이다. 한국은 2072년까지 부양 부담이 2배로 늘어날 것으로 예상되지만, 일본은 같은 기간 0.4배 증가에 그친다. 가파른 부양 부담 증가는 경제와 사회보장 체계에 큰 충격을 줄 수 있음을 의미한다.

또한, 생산가능인구 감소 속도의 차이도 한국과 일본 간의 중요한 차이점이다. 일본은 1990년에도 지금과 유사한 합계출산율(1.31명)에 가까운 1.5명을 유지했으며, 30년 넘는 기간 동안 큰 변화가 없었다. 반면 한국은 출산율이 꾸준히 하락해 왔다. 생산가능인구의 급격한 감소는 곧 산업 현장에서 인력 부족으로 이어진다. 실제로 이미 중소기업들 사이에서는 적자가 아니라 일할 사람이 없어서 문을 닫아야 한다는 이야기가 나오고 있다.

앞으로는 이런 현상이 더 확대될 것으로 보인다. 이미 기업 현장에서는 알고 있다. 2024년 한국경제인협회가 매출액 1,000대 기업 인사 업무 담당자 대상으로 실시한 조사에 따르면, 급속한 저출산 고령화로 경제위기가 11년 이내에 발생하고 가장 부정적인 영향은 원활한 인력수급의 어려움(45.8%)으로 응답했다. 오히려 시장 수요 감소에 따른 매출 하락(19.2%)이나 인력 고령화에 따른 노동생산성 저하(17.5%)보다 훨씬 높은 응답률을 보였다.

한국과 일본의 합계출산율 비교(1960-2022년)

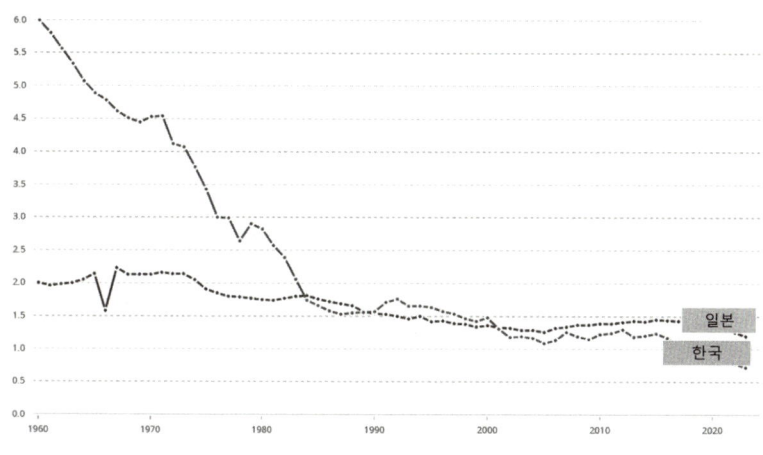

출처: wordbank(2025.3.)

◆ **엔화는 안전자산, 원화는 위험자산**

일본과의 가장 큰 차이는 글로벌에서 통화의 위상이다. 일본 엔화는 미국 달러, 유로화와 함께 세계 주요 기축통화 중 하나로 인정받는다. 기축통화는 국제 무역과 금융 거래의 기본이 되는 통화를 의미하며, 엔화는 특히 아시아 지역에서 중요한 역할을 한다.

이 차이를 가장 잘 보여주는 것이 환율이다. 일본 경제는 침체로 어려움을 겪고 있음에도 일본 정부는 그동안 엔화 가치를 낮추기 위해 노력해왔다. 왜 이런 현상이 나타났을까?

최근 엔화가 많이 약세를 보였다고 하지만, 플라자 합의(Plaza

Accord)* 이전보다는 여전히 높은 수준이다. 1985년 플라자 합의 이후 엔화는 1달러당 약 240엔에서 1988년경 120엔 수준으로 가치가 급등했다. 이러한 급격한 엔화 강세는 일본 내 자산 버블을 초래했고, 결국 1991년 붕괴했다. 그럼에도 불구하고 엔화는 여전히 강세를 유지했다.

특히 주목할 점은 미국의 금융위기는 물론 일본의 내부적 위기 상황에서도 엔화가 강세를 유지했다는 것이다. 2008년 미국발 서브프라임 모기지 사태로 시작된 금융위기 동안, 글로벌 시장의 리스크 회피 심리가 강해지며 엔화 강세가 더욱 두드러졌다. 일본이 디플레이션과 낮은 성장률에 시달리고 있었음에도, 엔화는 안전자산으로 간주되어 글로벌 자금이 일본으로 유입되었다. 동일본 대지진과 후쿠시마 원전 사고는 일본 경제에 큰 충격을 주었지만, 재건 비용 마련을 위한 해외 자산 매각으로 인해 엔화는 강세를 유지했다.

결국 일본 정부는 디플레이션을 극복하기 위해 정부 재정지출을 확대하고 기준금리를 낮추는 대규모 양적 완화 정책을 시행했다. 2013년에는 1달러당 78엔까지 강세였던 엔화 가치가 2025년에는 약 159엔으로 절반 가까이 하락했다. 코로나19 팬데믹 이후 시작된 전 세계적인 물가 상승은 일본에도 영향을 미쳤다. 다른 나라들이 물가 상승으로 어려움을 겪는 가운데, 일본은 이를 장기 디플레이션에서 벗어날 기회로 보고 있다. 일본은행이 기준 금리를 올리기

---

* 플라자 합의. 1985년 9월 22일에 미국, 영국, 독일, 서독, 일본의 재무장관들이 뉴욕 플라자 호텔에서 진행한 환율 조정합의로 엔화의 가치를 올리도록 한 것이 합의의 골자다.

시작하면서 엔화는 다시 강세로 전환하기 시작했다.

미국 달러 대비 일본 엔화 환율 변화(1972-2025.3.)

출처: tradingview(2025.3.)

한국의 원화는 일본 엔화와 상당히 다르다. 글로벌 외환 시장에서 원화는 일본과 다르게 위험자산으로 분류된다. 이로 인해 미국에서 위기가 발생하면 원화는 급격히 약세를 보인다. 2008년 글로벌 금융위기 당시, 국제 금융 불확실성이 커지면서 원화 가치가 급락해 환율이 1달러당 1,500원대까지 상승했다.

한국에서 위기가 발생한 경우에도 일본과는 정반대로 움직인다. 일본은 위기 시 해외에 있던 자국 자본이 유입되지만, 한국은 위기 발생 시 달러 자금이 빠져나간다. 1997년 외환위기 당시 원화 가치는 급락하며 환율이 1달러당 800원대에서 1,900원대로 폭등했다.

더 우려스러운 점은 원화 가치가 장기적으로 하락하는 경향을 보인다는 것이다. 국내외 위기가 발생하면 하락했던 원화 가치는 위기 종료 후 다시 상승하는 경우가 많다. 이는 외환 불안정성이 어느 정도 완화되었음을 보여준다. 특히, 위기 발생 시 원화 가치 하락의 고점은 점차 낮아지고 있어 한국 외환 당국의 대응 능력이 향상되었음을 의미한다. 반면, 원화의 저점은 1989년 1달러당 669원이었던 이후로 꾸준히 높아지고 있다.

미국 달러 대비 한국 원화 환율 변화(1982-2025.3.)

출처: tradingview(2025.3.)

◆ **높아지는 스태그플레이션 위험**

원화 약세는 물가와 경제 성장률 모두 낮은 디플레이션이 아니라, 경제는 성장하지 못하는데 물가는 오르는 스태그플레이션을 촉발할 수 있다. 원화 약세로 인한 수출 경쟁력 향상은 과거만큼 효과적이지 않다는 평가다. 수출기업들은 당장은 가격 경쟁력을 확보할 수 있어 긍정적인 영향을 받을 수 있지만, 원자재 가격 상승과 환차손 증가로 인해 수익성 악화가 우려된다. 특히, 해외 공장 신설 등 투자가 필요한 경우에는 더욱 불리하다.

환율은 소비자물가에 상당한 영향을 미친다. 2025년 1월, 한국은행은 기준금리를 동결한다고 발표했는데, 이는 금리를 낮출 경우 환율이 불안정해져 소비자물가 상승을 초래할 가능성을 고려한 결정이었다. 경제 성장률이 높을 때는 환율 변동으로 인한 수입품 가격 상승이 경제 전반에서 흡수될 수 있어 소비자물가에 미치는 영향이 제한적이다. 그러나 경제 성장이 둔화되거나 정체된 상황에서는 소비자의 구매력이 약화되고, 필수 수입품 가격 상승이 생산비용 증가로 이어져 소비자물가에 더 큰 압력을 가하기 때문이다.

세계 경제가 성장하면 전반적인 수요 증가로 인해 물가도 상승할 가능성이 크다. 경제 성장과 물가 상승은 밀접한 관계가 있으며, 경제가 성장할 때 생산과 소비가 늘어나면서 물가 상승(인플레이션)을 초래하는 경우가 많다. 특히, 글로벌 금융 시장에서 중요한 위치를 차지하는 미국 경제의 성장은 큰 영향을 미친다. 미국 경제가 성장하면 달러로 표시된 자산(예: 원자재, 국제 무역 상품)의 가격이 함께 오르는 경향이 있는데, 이는 달러가 국제적 기축통화로 작용하기 때문이다.

한국이 미국 경제 성장에 밀려 글로벌 물가 상승을 쫓아가지 못하면 위험하다. 실제로 한국은 소비자물가 상승률이 경제 성장률보다 높았던 위기 상황을 1997년 외환위기와 2008년 글로벌 금융위기 때 경험했다. 문제는 2022년부터 이러한 현상이 다시 발생하고 있다는 점이다. 이미 2023년 미국의 GDP 성장률은 2.9%로 한국의 1.4%보다 높다. AI 혁명으로 미국의 생산성이 빠르게 증가하면 앞으로 이런 현상은 상당 기간 지속될 가능성이 있다. 물가가 상승할 가능성이 높다는 의미다. 이런 상황에서 저성장이 한국에 고착화되면 스태그플레이션의 가능성은 점점 높아질 수밖에 없다.

코리안 R&D 패러독스

◈ 투자하면 성과가 나온다는 착각

한국에서 경제 성장을 말할 때 가장 많이 언급되는 단어는 과학기술과 R&D 투자다. 자원이 없는 한국에서 과학기술이 산업의 경쟁력을 높일 수 있고, 이를 위해서는 R&D 투자가 필요하다는 논리다. 1991년부터 2023년까지 한 번도 정부 R&D 예산이 줄어든 경우는 없다. 오히려 정부 예산 전체 증가보다 상승률은 더 높았다. 2000년 4.2조 원에서 2022년 29.8조 원으로 7배 증가하면서 같은 기간 정부 예산 증가율인 6.5배를 넘는다. 이 기간 동안 복지 예산이 크게 증가했다는 점을 감안할 때 결코 낮은 수준이 아니다.

민간 분야 R&D 투자를 포함해서 다른 OECD 국가들과 비교하면 한국이 그간 R&D 확대에 얼마나 많은 노력을 기울였는지 알 수 있다. 2000년 2.13%였던 한국의 GDP 대비 R&D 비중은 2022년 5.2%로 3.1%나 증가했다. 순위도 2000년 8위에서 2022년 2위로 올라섰다. 2000년과 2022년 모두 가장 높은 비중을 차지하는 국가는 이스라엘이다. 2022년에도 GDP의 6.2%를 R&D에 투자했다. 하지만 증가 폭은 2.2%로 우리의 3분의 2 정도밖에 안 된다. 정작 과학기술 강국인 미국의 GDP 대비 R&D 비중은 3.6%로 우리보다 40% 낮다.

많은 R&D 투자에도 불구하고 지난 20년간 한국에서 혁신 성장은 이루어지지 않았다. 한국의 R&D가 문제가 있다는 것에는 이미 오래전부터 공감대가 형성되어 있다. 이를 두고 코리안 R&D 패러독스라고 한다. 2024년에는 국제학술지 네이처까지 나서 "다른 주요 국가들에 비해 인구당 연구자 비율이 높고 네이처 인덱스에 등록된 다른 선도국보다 R&D에 많은 투자가 이뤄지고 있지만 연구 성과는 놀라울 정도로 낮다"고 평가했다.

2015년 《축적의 시간》이란 책이 유명세를 탔다. 선진국이 오랜 기간 과학기술 역량을 축적했으니 우리도 자꾸 결과를 재촉하지 말고 시간을 두고 기다려야 한다는 주장을 담고 있다. 9년이 지났지만 그 어떤 것도 나아졌다는 근거는 없다. 이대로 계속 기다리기만 하는 것은 너무 위험하다. 이제는 시간도 많지 않다. 급격한 생산인구 감소와 산업 경쟁력 하락으로 지금 수준의 R&D 규모를 유지할 수 있을지 불확실하다. 지금처럼 경제가 더 나빠질지 모른다는 불안감 속에서 R&D 예산을 더 늘린다고 해서 달라지지 않는다는 것은 명확하다.

◆ 과학기술이 아닌 혁신이 경제를 살린다

"과학기술력이 국력을 좌우하는 시대에 우리는 살고 있다."

인공지능이 만들어 가는 4차 산업혁명을 앞둔 상황에서 누구도 부인하지 못할 것 같은 말이다. 그렇다면 과학기술력은 무엇일까? 사람들은 세계 저명한 학술지에 논문을 많이 내는 것이라 생각한다. 노벨상이 과학기술력의 상징이라고 한다. 과연 그럴까?

트럼프 후보가 대통령에 당선된 후 한국 대통령에게 전화를 걸어 조선업이 중요하다고 언급했다. 급변하는 글로벌 정세에서 조선업이 우리의 핵심전략 산업으로 부상했다. 미국 입장에서 보면 한국의 반도체는 대체가 가능하다. 대만 기업도 있고, 자국의 마이크론도 있다. 만일 한국과 이해관계가 충돌하면 과거 일본에 그랬던 것처럼 반도체에 대한 대규모 제재를 통해 산업 자체를 죽일 수 있다. 하지만 조선업은 대체하지 못한다. 이미 미국 조선업은 생태계가 무너졌다. 정부가 자금을 쏟아붓는다고 당장 나아지지 않는다. 군함 건조는 물론 수리도 어려운 상황에서 중국과 해군 경쟁을 할 수 없다.

그렇다면 우리나라 과학기술에서 조선업의 위상은 어떨까? 매우 낮다. 이명박 정부가 출범하면서 국격에 맞는 연구개발을 한다며 기초연구 비중을 대폭 늘렸다. 그러면서 대학교수의 논문 평가를 강화했다. 이런 흐름은 이후 정권이 바뀌면서 달라지지 않았다. 결국, 산업의 기반이 되지만 SCI 논문을 많이 쓰기 어려운 조선, 기계공학과 같은 분야는 대학에서 점점 위상이 약해졌다. 이렇게 가면 인력 양성이라는 대학의 기본 기능이 흔들린다는 반대가 있었지만 계란으로 바위 치기에 불과했다.

혁신 없이 과학기술만으로 국력을 키울 수 없다는 것을 잘 보여주는 사례는 유럽이다. 독일과 영국, 프랑스는 여전히 과학기술 분야에서 세계적 수준이다. 글로벌 대학 랭킹을 보면 영국의 옥스퍼드와 케임브리지는 항상 최상위권이다. 독일의 막스플랑크 연구소나 프랑스의 국립과학연구센터(CNRS)는 2023년 네이처가 평가한 세계연구기관 순위에서 각각 3, 4위를 차지했다. 그런데 영국과 독일, 프랑스 모두 경제 상황이 그리 좋지 못하다. 과학기술 수준은 높지만 그걸 활용해서 산업 혁신을 이끌어내지 못했기 때문이다. 혁신은 과학기술만으로 이루어지지 않는다. 그걸 연구하고 활용하는 사람이 중요하다.

이는 산업 혁신을 이끄는 주체가 무엇인지에 관한 연구의 변화에서도 드러난다. 1950~60년대에는 과학기술이 발전하면 산업 혁신을 이끌 수 있다고 생각했다. 이후 1960~70년대에는 시장의 수요가 중요하다는 수요 견인 이론이 주류가 되었다. 2000년대에 들어서면서 새로운 이론이 나왔다. 산업과 학계, 정부의 연계가 중요하고, 특히 이 생태계에 있는 사람들의 교류가 중요하다는 '트리플 헬릭스(Triple Helix)' 이론이다. 혁신은 결국 과학기술이 아니라 사람이 하는 것이다.

◆ 퍼스트 무버에 대한 집착을 버려라

이제 선진국과 경쟁하려면 추격형에서 선도형으로 전환해야 한다. 이제 다른 나라를 빨리 쫓아가는 패스트 팔로워(Fast Follower)가 아니라 세계 최초의 기술을 선도하는 퍼스트 무버(First Mover)가 되어야 한다. 지난 20년간 정권이 바뀌어도 꾸준히 추진하던 정책이다. 과학기술계는 물론, 언론에서도 심심치 않게 이런 이야기를 들을 수 있다. 우리가 반드시 기술을 선도해야 한다는 생각은 과연 현실적일까?

반드시 먼저 시작한다는 것이 혁신으로 이어지지 않는다. 그렇다고 나중에 하는 것이 좋다는 의미는 아니다. 혁신을 추진하는 과정에서 실패 위험을 잘 관리하고, 문제를 해결해 나가는 사람이 성공한다. 쇼트트랙 경기에서 기량이 월등하면 처음부터 끝까지 맨 앞에서 달려도 되지만, 꾸준히 페이스를 조절하며 쫓아가다가 마지막에 추월하는 경기가 더 많은 것과 마찬가지다.

혁신 생태계에서 이런 사례는 수도 없이 많다. ChatGPT 서비스의 물꼬를 튼 OpenAI가 그렇다. 정작 이 서비스의 기반 기술인 대규모 언어 모델(LLM)은 구글이 개발했다. 혁신의 대명사인 애플도 처음 개인용 컴퓨터 사업을 시작할 때 자체 기술로 한 게 아니다. 복사기 회사, 제록스의 실리콘밸리 연구소에서 개발한 기술을 이용했다. 구글과 제록스가 주력 사업이 잘되다 보니 굳이 위험 부담을 감수하면서 새로운 사업으로 기술을 활용하지 않는 사이 OpenAI와 애플은 그 틈을 노린 것이다.

추격형에서 선도형으로 전환하는 전략은 오히려 한국 산업 경쟁력에 치명적 타격을 입혔다. 과학기술계가 세계 최초를 추구하면서 산업계와 거리가 멀어졌다. 과거에는 산업 현장과 연구 현장이 연계되어 있었다. 서로 간의 소통도 활발했다. 그런데 세계 최초의 연구를 추구하다 보니 산업계와 관련된 연구는 기존 연구를 답습하고, 가치가 떨어지는 연구로 전락했다. 산업계도 과학기술계가 세상과 동떨어지는 얘기만 한다고 생각하며 협력을 포기했다.

그 중심에는 큰 폭으로 올라간 정부 R&D가 있다. 가만히 있어도 늘어나는 정부 자금만으로도 연구가 가능해지면서 대학과 출연연은 극히 일부를 제외하면 굳이 아쉬운 이야기를 해야 하는 산업계 과제를 기피하기 시작했다. 이 문제를 해결하기 위해 정부가 '산학협력과제'라는 것을 도입했지만 이는 더 기형적인 현상으로 이어졌다. 과제 기획이 협력기업의 경쟁력을 높이는 본래 목적에서 벗어나 연구비를 확보하는 것으로 변질되었다.

2000년대 이전까지는 한국 경제에서 국가 R&D가 큰 역할을 했다. 컬러TV와 전자교환기(TDX), 중수로형 핵연료를 국산화했고, 반도체 DRAM과 무선통신 CDMA를 상용화했다. 2003년 한국형 KTX를 성공시키는 데 일조하기도 했다. 하지만 이후의 성과는 두드러지지 않는다. 이유는 무엇일까?

그때는 우리 산업이 풀어야 할 난제를 해결하는 것에 주력했다. 굳이 세계 최초일 필요도 없고, 세계 최고일 필요도 없었다. 산업 경쟁력을 높이는 데 필요한 문제라면 이미 미국이나 일본이 푼 문제도 풀어야 할 대상이었다. 이런 시각은 지금도 유효하다. 우리 산업이 당면한 문제를 해결할 수 있다면 그 자체만으로도 우리에게는 노벨상의 가치가 있다. AI 반도체에 활용되고, 지금 흔들리는 한국 반도체 산업의 위상을 유지해주는 HBM 기술이 그렇다. 문제 해결의 중요성은 산업 발전과 직접 관계가 없는 기초연구 분야에도 그대로 적용된다. 학계에서 고민하는 문제를 풀면 학문이 발전한다. 물론, 아무도 중요하다고 생각하지 않는 것을 고민하는 것도 필요하지만 그것이 국가 전략의 중심이 되어서는 안 된다.

삼성전자가 기술 개발에 뒤처지면서 큰 어려움에 직면해 있다. 그렇다고 삼성전자의 R&D가 줄어든 것은 아니다. 오히려 꾸준히 늘어왔다. 그럼에도 이런 상황에 직면한 것은 혁신이 연구비만 이룰 수 없음을 의미한다. 삼성전자도 미래연구를 담당하는 반도체연구소와 제품 개발을 담당하는 사업부 개발실의 간극이 커지면서 효율성이 떨어졌다. 결국, 메모리 반도체 연구개발 분야를 연구소에서 분리해 사업부로 통합시켰다.

◆ 가장 중요한 것은 몰입할 수 있는 환경

문제를 푸는 데 가장 중요한 것은 무엇일까? 바로 몰입할 수 있는 환경이다. R&D 예산이 많든 적든, 연구를 할 수 없도록 흔들어대면 성과는 나오지 않는다. 이걸 잘 보여준 사례가 윤석열 정부에서 진행한 2023년 R&D 예산 삭감이다.

윤석열 정부는 2023년 국가 연구개발(R&D) 예산을 대폭 삭감하는 정책을 추진하였다. 이는 '나눠먹기식 R&D'와 '카르텔'을 지적하며 비효율적인 예산 사용을 개선하고자 하는 목적이었다. 그러나 이러한 삭감은 기초연구와 출연연구기관의 예산까지 축소시켜 과학기술계의 우려를 불러일으켰다. 국가 과학기술 경쟁력 약화와 연구인력의 국외 유출 심화 등의 부작용을 초래할 수 있다는 지적이 나왔다.

방향은 맞았는데 방법이 틀렸다. R&D 예산은 문재인 정부에서 너무 크게 증가했다. 이미 이전에도 많은 현장의 과학기술인은 예산 누수 현상을 크게 걱정했다. R&D 예산 규모를 축소하는 것의 취지는 옳다고도 볼 수 있다. 문제는 속도와 방법이다. 삭감 폭이 너무 컸다. 전체 예산을 14.7%나 삭감하면서 연구개발 생태계 자체를 초토화시키는 결과를 초래했다.

정부는 줄어든 예산에 맞춰서 기존 사업비를 일괄적으로 삭감했다. 좋은 과제와 문제가 있는 과제를 가리지도 않았다. 그러면서 줄어든 예산만큼만 연구를 하면 된다고 했다. 당장 계약직 해고 논란이 불거지자 인건비는 그대로 남겼다. 결국, 연구자들은 직장을 잃지는 않았지만 할 일이 없는 상황에 놓였다. 연구 활동의 공백을 우려한 일부 연구자들은 이번 기회에 한국을 떠나는 게 낫다고 생각했다. 성과평가 시스템도 완전히 무너졌다. 정부는 줄어든 예산에 맞춰서 할 수 있는 것만 하라고 했다. 이런 상황에서 당초 계획된 목표를 달성했는지 여부는 확인이 어렵다. 설령 성과가 나빠도 예산 부족 때문이라고 하면 딱히 반론을 제기하기 어렵기 때문이다. 결국 문제과제를 줄인다던 당초 예산 조정의 목적은 사라지고, 오히려 문제과제에 면죄부만 주게 되었다.

정권이 바뀔 때마다 정부 R&D 예산을 개편하던 관행은 사실 오래되었다. 연구비 확보를 위해 정치권과 정부의 인맥을 활용하는 정치적인 연구자가 늘어난 것도 이 때문이다. 정치권과 정부는 과학기술 발전을 위해 노력한다는 모습을 보일 수 있다며 좋아했지만 정작 연구에 몰입하는 연구자에게는 이런 관행이 큰 부담이다. 자신의 연구에 집중하기보다 새 정권이 지향하는 새로운 테마에 맞춰서 연구를 기획해야 하기 때문이다.

과학기술 아닌 사람이 혁신을 주도하는 것처럼 연구개발 역시 사람이 중요하다. 좋은 연구를 하려면 연구에 몰입할 수 있어야 하고, 그러려면 안정적인 연구 환경을 조성해줘야 한다. 연구비도 부족해서는 안 되지만, 너무 많으면 그 또한 부담스럽다. 진정한 연구의 결과는 돈의 힘이 아니라 연구자의 열정과 창의에서 나온다.

사업화 성과가 나오지 않는다고 안달할 필요는 없다. 부모가 강요한다고 아이 성적이 오르지 않는 것처럼 사업화하라고 강요하면 지금처럼 실제 사업화에 도움 안 되는 특허만 양산한다. 대신 연구자와 기업인이 함께할 수 있는 환경을 만들어 줘야 한다. 중요한 것은 인센티브 구조다. 기업가 정신으로 과감하게 도전하고, 실패해도 다시 일어설 수 있어야 한다. 기술 사업화로 큰 부를 일군 이들은 노벨상 수상자보다 더 큰 사회적 존중을 받아야 한다. 그러면 지금처럼 연구비를 위한 연구가 아니라 기술 사업화를 위한 연구를 한다. 이것이 미국의 혁신 경쟁력이 강한 이유다.

중국과의 제조업 경쟁이 성패를 결정한다

◆ **내수와 서비스 산업의 성장 한계**

한국 경제는 지난 수십 년간 수출 중심의 전략을 통해 세계적인 성과를 이뤘다. 1960년대 농업 중심 경제에서 시작해 제조업으로의 전환을 성공적으로 이루었다. 1970년대부터 수출 규모가 급격히 증가하며 경제 성장을 견인했으며, 1990년대 이후 정보통신기술 분야에서도 두각을 나타냈다. 그리고 지금은 반도체, 자동차, 조선 등 다양한 산업 분야에서 글로벌 경쟁력을 확보했다. 이를 통해 한국은 짧은 시간 안에 세계 10위권 경제 대국으로 성장하며, 산업화와 현대화를 동시에 달성하는 데 성공했다.

2000년대 들어서면서 수출 제조업 중심의 경제 구조는 소수 대기업에 경제적 이익이 집중되고, 다수 국민과 관련된 내수와의 연계가 부족하다는 지적을 받아왔다. 이에 따라 내수 활성화와 서비스 산업 진흥의 필요성이 꾸준히 제기되었다. 이에 소득주도 성장과 같은 정책들이 이어졌지만 경제 성장에 있어 민간소비가 차지하는 비중은 늘지 않았다. 1990년 GDP 대비 민간소비 지출 비중은 50.2%였으나, 2002년 56.1%로 정점을 찍은 후 2021년에는 46.1%로 하락했다.

지속적인 통화량 확대 정책은 부동산 가격 상승을 초래했다. 통화량을 나타내는 지표인 M2는 현금, 요구불예금, 정기예금 등 다양한 형태의 유동성을 포함하며, M2의 증가는 경제에 풀리는 돈의 양이 많아졌음을 의미한다. 한국과 일본, 미국의 M2 통화량 증가 속도를 비교해 보면, 대규모 양적 완화로 유명한 미국과 일본보다 한국의 M2가 더 많이 증가했다. 한국은 2000년 이후 M2가 487.58% 증가한 반면, 일본은 96.46%, 미국은 335.48% 정도로 나타났다. 이러한 급격한 통화량 증가는 경제 전반에 유동성을 과도하게 공급하여 부동산 가격 상승을 부추기는 주요 요인으로 작용했다.

서비스 산업도 마찬가지다. 제조업의 노동생산성이 지속적으로 증가하는 것과 달리, 서비스업은 별로 증가하지 않고 있다. 이런 현상은 1980년부터 2005년까지 동일한 패턴을 보이고 있다. 제조업 생산성은 매년 7~9% 수준으로 증가하는 반면, 서비스업은 2.62% 증가하던 1980년대를 제외하면 1%에 불과하다. 심지어 2000년대 들어 증가속도가 하락했다. 이를 타개하기 위해 노무현, 이명박 정부가 추진했던 금융강국 정책은 별다른 성과를 거두지 못했다. 2008년 글로벌 금융위기 속에서 오히려 혼란만 부추겼다는 비판까지 받았다. 이제 한국에서 금융 산업을 육성하자는 이야기는 더 이상 하지 않는다.

보이는 것의 가치를 중요하게 생각하고, 안 보이면 가치를 두지 않는 한국의 문화 속에서 서비스업 생산성 향상은 현실적으로 큰 어려움이 있다. 대표적인 직군이 컨설팅이다. 말 몇 마디로 돈을 받으려 한다고 생각한다. 금융도 마찬가지다. 가만히 앉아서 이자만 챙긴다고 생각한다.* 이런 가치관은 생활 문화에서도 잘 녹아있다. 미국은 너무 많은 팁이 사회적 논란이 될 정도로 경제에서 차지하는 비중이 크다. 유럽은 그 정도는 아니지만 팁을 주는 문화가 있다. 우리는 팁이라는 개념에 공감하지 못한다. 음식의 가치는 인정하지만 그걸 서비스하는 사람의 가치는 인정하지 않는다. 이런 나라에서 내수 시장의 서비스업을 키우는 것은 상당히 어렵다.

경제 침체가 시작된 상황에서 원래 못하던 서비스업을 잘하려고 하기보다 예전에 잘하던 제조업의 경쟁력을 다시 올리는 것이 현실적이다. 동시에 외화는 내수를 안정적으로 운영하는 데 매우 중요하다. 환율이 흔들리면서 수입물가가 상승하면 내수는 더 어려워진다.

결국 한국이 살길은 수출형 제조업이다.

한국은 지난 수십 년간 수출 중심의 제조업 전략을 통해 눈부신 성장을 이루어 왔다. 그러나 최근 들어 중국의 급격한 산업 발전으로 양국 간 경쟁이 심화되고 있다. 특히, 중국은 대부분의 산업 분

---

* 현재 한국의 은행은 예금과 대출이자 차이를 활용해 외국 은행에 비해 쉽게 돈을 버는 것은 사실이다. 한국은 벤처에 투자한 자금을 회수하는 시장이 활성화되어 있지 않다. 미국처럼 은행이 투자자로 활동할 수 있는 공간이 적다. 여기에 다른 은행과 다른 금융사업을 하기도 어렵다. IMF를 계기로 들어왔던 해외 은행이 거의 모두 빠져나갔을 정도로 정부의 관여가 심하다. 은행은 많지만 정부가 조정하는 사실상 독과점 시장이라고 볼 수 있다.

야에서 한국과 동일한 수준에 도달했거나 일부 분야에서는 앞서고 있는 상황이다.

중국의 저가 공세와 기술력 향상으로 인해 한국의 전통적인 제조업 분야는 큰 압박을 받고 있다. 예를 들어, 철강, 석유화학, 섬유, 화장품 등 다양한 분야에서 중국산 제품의 저가 공세로 인해 한국 기업들이 어려움을 겪고 있다. 이제 한국은 메모리 반도체, 조선업, 바이오, 파운드리, 방위 산업 정도만 경쟁력을 확보하고 있다는 평가다.

가장 큰 문제는 중국 정부의 지원이다. 막대한 보조금과 같은 불공정 행위를 별다른 제한 없이 추진할 수 있다. 미국처럼 내수 시장이 큰 국가는 관세를 활용해서 대응할 수 있지만 한국은 그런 대응이 어렵다. 만일 반덤핑 제재를 가하면 중국 정부는 한국으로 오는 핵심 소재부품의 공급망을 끊어버릴 가능성이 높다. 그렇다고 중국 정부 수준의 보조금을 산업계에 지급하기도 어렵다. 액수도 문제지만 보조금은 미국 등 다른 나라와 또 다른 갈등을 불러일으킨다. 변화하는 시대에 맞춰 한국의 새로운 대응 전략이 필요하다.

◆ 35년 만에 저문 평화의 시대, 35년간 진행할 패권 경쟁

지금 세계는 35년 만에 대전환의 시기를 맞이하고 있다. 1989년 독일 베를린 장벽이 붕괴된 이후 전 세계는 세계화와 무역자유주의 기조 속에서 공존을 중요한 가치로 여기며 평화로운 시기를 보냈다. 크고 작은 분쟁이 있었지만 강대국 간 큰 충돌은 없었다. 이제 평화의 시대가 러시아의 우크라이나 침공을 마지막으로 종언을 고하고 있다.

돌이켜 보면 민주와 공존이라는 가치가 결국 지리와 종교, 이념의 벽을 넘지 못했다. 나폴레옹, 히틀러의 침공을 경험한 러시아는 폴란드, 우크라이나와 같은 우방국을 완충지대로 활용해왔다. 그런데 이들 국가가 서구 유럽과 함께하겠다며 러시아와 헤어졌다. 민주화를 상징하던 아랍의 봄은 군주제와 독재의 벽을 넘지 못하고 대규모 난민을 양산했다. 이 부담은 고스란히 유럽에게 지워졌다. 독재 타도를 외쳤던 시리아 국민은 해외로 뿔뿔이 흩어졌으며 외세가 사실상 분점하는 상황에 이르렀다.

중국은 자본주의를 받아들이면서도 공산당 이념을 결코 포기하지 않았다. 자본주의가 도입되면 공산주의는 무너질 것이란 서구의 기대는 산산이 부서졌다. 민간 기업의 커지자 공산당의 견제가 시작되었고 기업에 공산당 조직이 생겼다. 이제 민간 기업도 정부가 요구하면 국내외 모든 정보를 제공해야 한다. 결국 다시 본격적인 전체주의와 민주주의 국가 간 체제 대결이 시작되었다.

향후 35년은 미국과 중국 간 패권 경쟁이 지속되는 시대가 될 것이다. 양국 모두 핵무기를 보유한 상황에서 전면적인 군사 충돌로 치달을 가능성은 낮지만, 경제와 기술 패권을 둘러싼 경쟁은 더욱 심화될 전망이다. 당연히 미국이 유리할 것이란 전망은 이제 흔들리고 있다. 중국의 힘이 만만치 않다. 특히 글로벌 공급망의 중심에 있는 제조업은 전 세계적으로 큰 영향력을 행사하고 있다. 이걸 가장 잘 보여준 사례가 코로나19 팬데믹이다. 중국이 수출을 중단하자 미국을 비롯한 많은 국가가 생필품 확보에 어려움을 겪었다. 이제 중국은 인공지능을 비롯한 첨단제조업 분야로 역량을 키워가고 있다.

이렇게 미국과 중국의 패권 경쟁 중심에는 제조업이 자리 잡고 있다. 미국이 중국 제조업의 영향력에 벗어난 독자적인 공급망을 구축한다면 패권 경쟁은 쉽게 미국의 승리로 끝날 것이다. 하지만 중국의 제조업 영향력이 오히려 더 커진다면 패권 경쟁은 낮은 합계출산율로 인한 중국의 인구 감소 효과가 본격화되기 전까지 계속 이어질 것이다. 미국과 중국 모두 합계출산율이 기존 인구를 유지할 수 있는 2.1명은 되지 못한다. 하지만 미국은 이민 수요가 매우 높아 인구 감소를 걱정하지 않아도 된다. 중국의 2022년 합계출산율은 1.09명인데, 이민 수요도 없다. 따라서 경제 침체를 피하기 어렵다. 미국과 중국의 패권 경쟁은 지금 세대가 은퇴하는 시기, 대략 30년 후까지는 결정이 날 것으로 보인다.

이 과정에서 상당한 혼란이 예상된다. 실제로 트럼프 미국 대통령은 2025년 4월 고율 관세를 발표했고, 미국 안팎에서 우려의 목소리가 커지고 있다. 지금 시점에서는 결과를 예단하기 어렵다. 미국의 의도대로 각국이 적극적으로 협상에 나서서 미국이 오랫동안 해결하려던 통상 문제들을 해결할지도 모른다. 반면, 부품 관세 부담이 너무 크면 기업들은 미국 내 조립을 포기하고 오히려 완제품 수출로 전환할 수도 있다. 이 경우 미국 산업의 공동화는 심화하고,

관세 부담 탓에 물가만 상승할 수 있다. 결국 우려대로 최대 피해자는 미국이 된다. 다만 이런 혼란이 수년간 이어질 가능성은 크지 않다. 미국은 2026년 11월 중간선거를 앞두고 있으며, 그때까지 혼란을 수습하지 못하면 트럼프 1기처럼 민주당이 의회 다수당으로 복귀하고 트럼프 대통령은 레임덕에 빠질 가능성이 높다. 그렇다고 미·중 간 패권 경쟁이 중단되지는 않을 것이다. 이번 논란에서도 민주당의 바이든 전 대통령은 오히려 관세를 높이면 중국의 활동 범위를 넓혀줄 것이라고 걱정했다.

◆ 중국과의 제조업 경쟁, 미국과 협력 성패 좌우

미국 제조업의 가장 큰 약점은 생산성이다. 미국은 항공우주, 정밀화학 등 높은 부가가치를 생산하는 첨단기술에 의존한 소수의 제조업 분야에서만 경쟁력을 유지하고 있다. 방위 산업은 높은 성능에도 실전에서 활용하기에는 가격이 너무 비싸다는 지적이 나오고 있다. 반도체의 경우도 설계는 미국이 주도하지만 생산은 해외 기업에 의존하고 있다. 애플은 물론 엔비디아도 대만 TSMC, 폭스콘 등에 제조를 맡긴다.

이 문제를 해결하겠다고 보조금과 관세를 활용하고 있지만, 미국 제조업이 다시 예전과 같은 경쟁력을 확보하기는 어렵다. 바이든 정부에서 미국 기업 인텔은 대규모 보조금을 받았지만 반도체 경쟁력 자체가 심하게 훼손되면서 기업 가치는 계속 하락하고 있다. 해외 기업인 대만 TSMC, 삼성전자 등이 보조금까지 지급하며 압박하는 미국 정부 요구를 받아들여 미국에 공장을 짓고 있기는 하다. 하지만 기술 개발이나 부품 소재 공급은 물론 인력 상당수를 자국에서 공급한다. 트럼프 정부는 미국에서 팔 물건은 미국에서 생산하라며 수입품에 관세를 부과한다고 하는데, 그런다고 미국 기업의 경쟁력이 올라가는 것은 아니다. 일자리 증가를 위해 해외 기업 공장의 자국 유치하는 것에 머무는 수준이다.

한국이 서비스업의 생산성을 높이기 어려운 것처럼, 미국도 제조업의 생산성을 높이는 데 구조적·문화적 요인이 작용하고 있다. TSMC의 웨이저자 회장은 미국에서 최첨단 공정을 도입하기 어려운 이유를 '인력 부족, 높은 비용, 규정 미비' 세 가지로 정리했다. 미국은 세계에서 가장 높은 인건비를 지불하는 국가 중 하나로, 생산단가를 맞추기가 어렵다. 또한, 자율성과 창의성을 중시하는 조직 문화는 소프트웨어 개발이나 R&D 분야에서는 강점으로 작용하지만, 집단적 사고와 체계적인 협력이 요구되는 제조업에서는 약점이 될 수 있다. 결국, 한국이 문화적 이유로 서비스업의 부가가치 창출에 어려움을 겪는 것처럼 미국도 제조업에서 구조적·문화적 제약을 극복하기 어렵다.

미국과 협력을 통해 한국 제조업의 경쟁력을 높일 수 있는 대표적 사례 중 하나가 누차 강조한 바 있는 조선업이다. 조선업은 트럼프 대통령이 당선된 후 한국 대통령과의 통화에서 언급하며 주목받은 바 있다. 미국은 한때 조선업 강국이었으며, 2차 세계대전 당시 일본보다 훨씬 빠른 속도로 많은 배를 생산했다. 하지만 이제 조선업의 전성기는 추억으로 남았다. 자본 투자 대비 수익률이 낮아 투자 매력이 줄어들었고, 다른 산업에 비해 수익성이 떨어지면서 높은 인건비를 감당하지 못해 사람과 자본이 모두 떠났다. 내수 시장을 보호한다면서 미국에서 운영하는 배는 미국 기업이 만들어야 한다는 존스 법도 미국 조선사의 글로벌 경쟁력을 낮추는 데 상당한 역할을 했다. 업을 보호한다면서도, 결국 미국의 조선업은 군사용 함정과 선박 수리 분야를 제외하면 사실상 무너진 상태다.

그렇다고 한국의 조선업이 세계 시장을 지배하는 것은 아니다. 글로벌 조선 산업에서 중국이 차지하는 비중은 2024년 신규 선박을 기준으로 70%에 달한다. 한국은 LNG선 등 고부가가치 선박을 중심으로 경쟁력을 유지하고 있지만, 신규 선박 수주 비율은 17%에 불과하다. 그럼에도 미국이 한국과 협력하려는 이유는 중국을 제외하면 아직 한국이 최고이고 안보 동맹으로서 신뢰할 수 있는 파트너이기 때문이다.

로봇 시장도 우리가 중점적으로 노려야 하는 시장이다. 현재 글로벌 로봇 시장은 기존 소프트웨어 형태의 AI에서 로봇 등 물리적 제품에 AI를 탑재하는 피지컬 AI로 발전하고 있다. 기존 소프트웨어 AI가 데이터 분석과 정보 제공에 그쳤다면, 피지컬 AI는 직접 환경과 상호작용하며 작업을 수행할 수 있기 때문에 글로벌 로봇 시장에서 그 중요성이 더 커지고 있다. 이에 따라 로봇의 활용도가 확대되고 있으며, 특히 제조업, 물류, 의료 등 다양한 산업에서 로봇 도입이 가속화되고 있다.

미국과 중국의 경쟁은 로봇 시장에서도 치열하다. 미국의 테슬라, 피규어 AI 등과 중국의 유비텍, 유니트리 등이 치열하게 경쟁하고 있다. AI 자체는 미국이 중국보다 우위를 점하고 있지만, 문제는 하드웨어 생산 능력이다. 부품과 최종제품의 완성도를 높이고 단가를 낮추는 것이 중요하다. 현재 제조업 경쟁력에 한계를 보이고 있는 미국이 대량생산 과정에서 경제성을 확보하기는 쉽지 않아 보인다. 그렇다고 중국에 맡기기에는 미국과 중국의 경제 전쟁이 치열한 상황에서 너무 위험 부담이 크다. 한국은 이 틈새를 파고들어야 한다.

한국은 로봇 활용률이 가장 높은 국가로, 로봇 산업에서 상당한 경쟁력을 가지고 있다. 이미 대기업은 로봇 시장에 투자를 시작했다. 현대차가 미국 보스턴 다이내믹스를 인수하고 삼성전자는 레인보우 로보틱스에 대한 투자를 크게 늘리고 있다. 물론 로봇 기업이 일본, 독일, 스위스가 주도하는 기존 로봇 산업의 글로벌 선두에는 미치지 못하지만, 피지컬 AI의 핵심인 센서기술이 좋고 액추에이터 기술력을 강화하고 있다. 여기에 한국의 강점인 반도체, 배터리 등을 활용하면 AI 로봇 제조에서 상당한 경쟁력을 확보할 수 있다.

로봇이 실제 일자리 창출에 얼마나 기여할지, 혹여 오히려 일자리를 뺏는 것은 아닌지 걱정하는 목소리도 있다. 지금 그 결과를 예측하기는 어렵다. 다만, AI의 산업 침투처럼 한국이 피한다고 해서 피할 수 있는 것은 아니다. 한국이 머뭇거리면 결국 다른 나라가 치고 나간다. 더군다나 생산가능인구가 빠르게 줄어 산업 현장에서는 이미 인력이 부족해서 외국인 인력을 고용하고 있는 상황이다. 산업이 커지면 일자리를 늘릴 수 있다는 생각을 갖고, 적극적으로 달려들어야 한다.

◈ AI 기술 활용, 제조업 경쟁력 높여야

AI 경쟁이 치열해지면서 한국도 미국, 중국처럼 자국 AI, 즉 소버린(Sovereign) AI 구축이 필요하다는 주장이 계속 제기되고 있다. AI가 어떤 데이터를 학습하는지에 따라 응답이 달라지기 때문에, 영문 자료를 주로 활용하면 한국의 시각이 반영되지 않는다는 이유다.

문제는 실현 가능성이다. 한국은 인력과 자본, 모든 측면에서 미국이나 중국과 경쟁하기 어렵다. 네이버가 AI 개발에 노력하고 있지만, 자본의 한계가 있다. 한국 정부가 반도체, AI 등 7대 국가전략기술에 투자하는 예산은 5조 원 수준인데, 이는 미국 빅테크 기업 한 곳이 추가 투자비용으로 지출하는 금액과 비슷하다. 중국의 딥시크가 적은 예산으로 미국과 유사한 AI 모델을 만들었다고 하지만, 이를 그대로 믿기는 어렵다. 산업계에서는 중국 역시 상당한 비용을 들여 AI 반도체를 활용했을 것으로 보고 있다.

향후 글로벌 AI 산업은 인터넷 혁명 때처럼 미국이 주도할 가능성이 크다. 중국이 우수한 인력을 바탕으로 기술적으로 미국과 경쟁하고 있지만, AI 산업은 단순한 기술력만으로 결정되지 않는다. 가장 중요한 요소는 신뢰다. 기존 제조업과 달리, AI 산업은 정보가 어떻게 활용될지 예측하기 어렵다. 따라서 AI를 활용하는 기업이 법적 소송과 보상을 통해 문제를 해결할 수 있는 환경이 조성되어야 한다. 이 점에서 중국 기업은 취약하다. 특히 중국 정부가 요구하면 기업이 모든 정보를 제공해야 하는 구조라, 딥시크처럼 각국 정부가 자국민의 중국 AI 사용을 차단하는 사례가 생기고 있다. 이런 흐름은 향후 휴머노이드 AI 산업에서도 이어질 것이다.

이런 상황에서 LG의 AI 전략은 한국이 참고할 만한 사례다. LG AI 연구원은 2024년 자체 생성형 AI '엑사원 3.5'를 공개했다. 이 모델은 사용성이 뛰어나다는 평가를 받지만, 미국 빅테크와 원천기술로 경쟁하는 것이 아니라, 제조·바이오·메디컬·엔터테인먼트 등 다양한 산업 도메인에 AI를 활용하는 전략을 택했다. 한국의 AI 전략도 이런 방향이 더 효율적이다.

한국이 AI를 활용해 제조업 경쟁력을 높일 수 있는 방법은 크게 두 가지다.

첫째, 기존 제품의 성능 향상에 AI를 적용하는 것이다. 대표적인 사례가 방위 산업이다. 무기는 하드웨어뿐 아니라 이를 운영하는 AI의 중요성이 점점 커지고 있다. 한국 방위 산업은 가성비 측면에서 경쟁력이 높지만, 그것만으로는 한계가 있다. 일론 머스크가 말했듯, 이제는 비싼 전투기보다 드론이 더 효율적인 시대다. 기존 무기체계를 AI 기반으로 전환하고, 새로운 무기체계를 개발해야 한다.

둘째, 생산기술 개발에 AI를 활용하는 것이다. 베이비붐 세대의 대규모 은퇴가 진행되면서 제조업의 노하우 전수가 중요한 과제가 되었다. 그러나 청년 세대의 유입이 적고, 외국인 근로자에게 노하우를 전수하기도 어렵다. 따라서 AI를 활용해 생산기술을 데이터화하고, 이를 자동화하는 노력이 필요하다. 조선업 분야에서 HD현대, 한화오션, 삼성중공업이 이미 이러한 시도를 하고 있다.

한국은 미국이나 중국을 그대로 따라가기보다는, 제한된 AI 인력을 특정 산업에 집중시키는 전략을 취해야 한다. 미국 빅테크가 독점하는 플랫폼 AI 시장에서 경쟁하는 것은 현실적으로 어렵지만, 제조업은 다르다. AI를 제조업에 적용할 때 꼭 최첨단 기술이 필요한 것은 아니다. 대기업이 초기 비용을 감당하며 최첨단 분야에 도입하는 것이 출발점이지만, 이후에는 중소기업이 담당하는 의류 생산 등 전통 산업으로도 확대해야 한다.

한국은 원천기술보다는 이를 활용한 생산기술 분야에서 강점을 가진다. 대표적인 사례가 바이오 파운드리다. 신약 개발에서는 글로벌 시장에서 주류가 아니지만, 생물의약품 생산에서는 강자로 평가받는다. 생산기술의 핵심은 최적화다. 지속적인 개선을 통해 문제를 해결하고 완성도를 높이는 것이 중요하다. 한국은 이러한 최적화 능력이 뛰어난 국가다. AI를 적용하면 중국 대비 높은 인건비 부담도 낮출 수 있다. 이를 적극 활용해야 한다.

◆ 한국 경제의 새로운 돌파구, 파운드리

미국은 현재 대만의 TSMC에 대한 높은 의존도로 인해 AI 반도체 분야에서 약점을 안고 있다. TSMC는 세계에서 가장 앞선 파운드리 기술을 보유하고 있으며, 미국의 주요 기술 기업들은 TSMC의 생산 능력에 크게 의존하고 있다. 그러나 대만이 지정학적 긴장 속에 있기 때문에, 중국이 대만을 침공할 경우 TSMC의 생산이 중단될 가능성이 있다. 이는 미국 경제와 기술 산업에 심각한 타격을 줄 수 있다.

이를 대비해 미국은 전쟁 발생 시 대만 내 TSMC 시설을 파괴하고, 관련 인력을 미국 본토로 이송하는 계획을 세웠다. 그러나 전쟁의 혼란 속에서 대만 민간인의 피해 없이 이를 실행할 수 있을지는 불확실하다. 만일 계획이 실패하면, 중국이 자체적으로 AI 반도체를 생산할 수 있게 되어 미국과 중국의 패권 경쟁에서 중요한 변수가 될 것이다.

파운드리 산업은 반도체가 수출의 핵심인 한국에도 중요한 분야다. 반도체 산업의 무게 중심은 범용 제품에서 맞춤형 제품으로 이동하고 있다. 과거 메모리 반도체는 정해진 사양에 맞춰 효율적으로 생산하는 것이 중요했으나, 이제는 AI 반도체의 부품으로서 성능이 더 중요한 시대가 되었다. SK하이닉스가 삼성전자를 앞서고 있는 이유도 HBM(고대역폭 메모리) 기술이 뛰어나기 때문이다.

AI 혁명이 빠르게 진행되면서 파운드리 산업의 수익성도 크게 변화하고 있다. 2024년 대만 TSMC의 순이익률은 40.52%에 달한다. 독과점이라 수익성이 좋다는 미국의 빅테크 마이크로소프트, 구글, 애플보다 높다. 서비스 산업의 대명사인 미국 대형은행, JP모건이나 모건스탠리의 2배가 넘는다.

향후 AI 반도체는 다양한 수요에 맞춰 개발 및 생산될 것으로 보인다. AI 학습 단계에서는 엔비디아 반도체가 필요하지만, 추론 단계에서는 맞춤형 반도체가 더 효율적일 수 있다. 이를 기회로 삼아 한국의 리벨리온, 퓨리오사AI, 딥엑스 같은 기업들이 AI 반도체 설계 시장에 뛰어들었다.

문제는 생산이다. 삼성전자와 대만 TSMC의 기술 격차는 점점 커지고 있다. 이에 따라 기존에 삼성전자에 제품을 맡겼던 퓨리오사AI, 딥엑스 같은 한국 기업조차 차세대 칩 생산을 TSMC로 변경했다. 엔비디아와 애플 등 대형 고객이 있는 TSMC에서 한국 기업들의 우선순위는 밀릴 수밖에 없다. 반면, 삼성전자의 파운드리 사업부는 부족한 고객을 중국에서 찾고 있는 실정이다.

삼성전자의 파운드리 사업부는 이제 삼성전자 내에서도 애물단지가 되었다. 수조 원대 적자를 기록하며 전체 실적에 부담을 주고 있으며, 내부 신뢰도 잃었다. 삼성전자 내부에서는 휴대폰의 핵심 부품인 엑시노스 AP(애플리케이션 프로세서)를 TSMC에 생산을 맡기는 방안을 추진했지만, TSMC가 거절했다. TSMC는 삼성전자가 자사 생산 노하우를 빼갈 것을 우려했기 때문이다. 애플도 원래 AP를 삼성전자에서 생산했지만, 기술 유출 논란이 불거지자 TSMC로 전량 이전하며 삼성전자와의 거래를 끊었다. 그 과정에서 TSMC는 애플 물량을 흡수하며 빠르게 성장했고, 현재의 압도적인 위치를 확보했다.

이제 정부가 나서서 삼성전자의 파운드리 사업부를 분리하고 독립 법인화하는 방안을 추진해야 한다. 민간 기업 경영에 정부가 개입하는 것이 맞느냐는 논란이 있을 수 있지만, 현재 삼성전자는 이 문제를 자체적으로 해결하기 어려운 상황이다. 그룹 회장이 상속 과정에서 여러 차례 구속되는 등 내부적으로 복잡한 문제를 겪으며, 회사 분할과 주주 반발을 감당하기 쉽지 않다.

국가 차원에서 보면, 삼성전자의 파운드리는 삼성전자의 메모리 사업보다 더 중요하다. 현재 SK하이닉스가 HBM 기술을 기반으로 메모리 시장의 강자로 떠오르고 있다. 만약 삼성전자가 메모리 경쟁에서 밀려도 SK하이닉스가 그 역할을 대신할 수 있다. 그러나 파운드리는 다르다. SK하이닉스가 진출할 수 없는 분야이며, 경쟁력을 유지할 시간이 많지도 않다.

일본은 2022년 정부 주도로 반도체 파운드리 기업 '라피더스'를 출범시켰다. 도요타, 소니, 소프트뱅크 등 주요 기업들과 일본 정부가 참여했다. 그러나 이 모델을 그대로 삼성전자 파운드리 사업부에 적용하기는 어렵다. 한국은 정치권의 기업 경영 개입이 심한 편이며, 과거 국영기업이었던 포스코도 정권이 바뀔 때마다 CEO 교체 논란이 끊이지 않았다. 게다가 현재 경제 상황을 고려하면, 파운드리 기업 신설에 자금을 출자할 여력이 있는 기업도 많지 않다.

그러나 삼성 파운드리 분사 기업에 투자할 후보는 많다. 삼성전자 파운드리가 위기라고 해도 여전히 글로벌 2위다. 미국의 인텔이나 글로벌파운드리, 일본의 라피더스보다 경쟁력이 앞선다. 따라서 TSMC에 전적으로 의존하는 글로벌 반도체 설계 기업들은 삼성전자 파운드리의 경쟁력이 높아질수록 더 많은 이익을 확보할 수 있다.

이런 관점에서 가장 적합한 투자자는 엔비디아다. 엔비디아는 현재 TSMC에 위탁 생산을 맡기고 있지만, 전적으로 의존하는 탓에 협상에서 불리한 위치에 있다. 만약 문제가 발생해도 엔비디아가 이를 감당해야 한다. TSMC가 높은 마진을 가져가도 견제하기 어렵다. 브로드컴이나 AMD도 좋은 투자 대상이다. SK하이닉스 역시 삼성전자 파운드리의 안정성이 필요하다. TSMC는 생산 과정에서 문제가 생길 때 SK하이닉스에 책임을 떠넘긴 전례가 있다. TSMC의 독점이 강화될수록 이런 위험은 커질 것이다.

삼성전자 입장에서도 손해 볼 것이 없다. 현물 출자를 통해 분사된 파운드리 기업의 주주로 참여하면 된다. 다만, 과거처럼 계열사로 인식하고 경영에 개입하는 방식은 안 된다. 독립된 파운드리사의 주가가 상승하고 배당이 이루어지면, 삼성전자도 이익을 얻을 수 있다. 또한, 새로운 파운드리사는 TSMC처럼 '고객과 경쟁하지 않는다'는 원칙을 지켜야 한다. 이사회 구성도 TSMC처럼 외국인 비중을 대폭 높여야 한다. 현재 TSMC 이사회 10명 중 5명이 미국인인 반면, 삼성전자 이사회에는 외국인이 없다.

엔비디아 등 잠재 고객사의 투자가 실제로 성사될지는 불확실하다. 그렇다고 손 놓고 있을 수 없다. 시장 점유율은 계속 하락하고, 삼성전자의 다른 사업부에 주는 부담도 커지고 있다. 남은 시간은 많지 않다. 대만 TSMC는 미국 인텔과 파운드리 운영 합자사 설립을 잠정 합의했다. 파운드리 시장 4·5위인 대만 UMC와 미국 글로벌파운드리가 삼성전자를 넘어서기 위해 합병을 추진한다는 소식도 있다. 이제 삼성전자 파운드리도, 과거 위기를 극복한 SK하이닉스처럼 스스로 일어서야 한다. 가장 중요한 것은 구성원의 의지다.

인구 감소,
다민족 국가 외에는 길이 없다

◆ 출산율 낮은 유럽, 다민족 국가로

선진국의 공통된 위기: 출산율 감소

선진국을 중심으로 많은 국가에서 합계출산율이 인구 규모를 유지하는 2.1명 이하로 내려가면서 경제의 지속 가능성에 대한 우려가 커지고 있다.

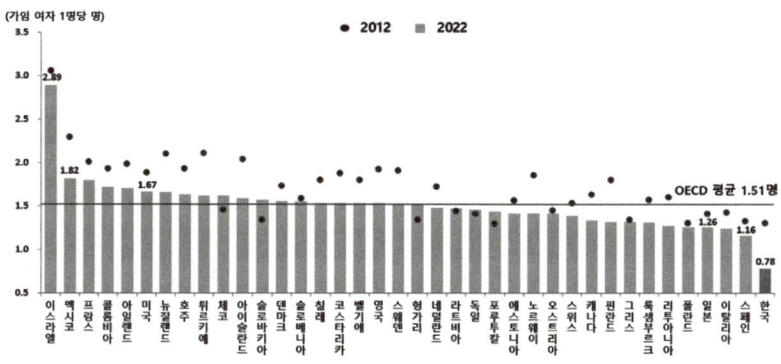

출처: 2023년 출생 통계(통계청, 2024.8.)

각국은 저출산 문제를 해결하기 위해 다양한 정책을 시행하고 있지만, 효과를 기대하기는 어려운 상황이다. 프랑스와 스웨덴처럼 다른 국가에 비해 상황이 낫다는 경우조차 합계출산율은 각각 1.87명, 1.52명으로 인구 규모를 유지하기 힘들다.

그 원인을 두고 많은 분석이 나오고 있는데, 국가별로 큰 차이는 보이지 않는 듯하다. 안정적인 일자리가 부족하고, 주거, 교육, 육아에 들어가는 비용이 증가하면서 출산을 꺼리는 경향이 강해지고 있다.

저출산은 생산가능인구 저하와 피부양인구 증가로 이어져 경제가 침체로 들어갈 가능성이 높아진다. 일부에서는 AI와 로봇이 노동력의 문제를 해결할 것이라 기대하지만, 이는 자원이 풍부하고 AI 로봇 기술을 주도하는 소수 국가로 한정된다. 오히려 이런 환경에서 산업 경쟁력을 확보하지 못하는 국가는 경제 활력이 더 떨어질 수 있다.

피할 수 없는 외국인 유입

유럽에서는 그간 외국인을 받아들이는 정책으로 인구문제를 타개하고자 노력했다. 대표적인 사례가 독일이다. 독일은 저출산 고령화로 노동인구 부족현상이 발생하자 2005년 '거주허가 및 정주법(이민법)'을 제정했다. 적극적으로 이민을 장려한 결과 독일 인구 중 이민자 비율은 28%를 차지하고, 여섯 살 미만 어린이들의 경우는 40%나 차지하게 되었다. 독일이 이민에 이토록 적극적인 이유는 인구 감소에 따른 경제 부담을 줄이기 위해서다. 결국에는 이들이 세금을 내고 독일의 복지 시스템을 유지시켜 준다고 믿는 것이다.

영국과 프랑스는 과거 식민지에서 넘어온 인구와 정치·사회적으로 융합되면서, 백인이 주류였던 시절과는 다른 풍경이 펼쳐지고 있다. 프랑스 축구 대표팀이 이러한 변화를 극적으로 보여준다. 2018년 월드컵 우승 당시 23명의 선수 중 14명이 아프리카계 출신이다 보니 '아프리카 연합팀'이라는 별명을 얻기도 했다. 영국의 변화는 더 극적이다. 2021년 기준으로 런던 인구의 44.9%가 백인이 아니며, 특히 파키스탄·인도·방글라데시계 무슬림들이 많다. 런던시장인 사디크 칸도 파키스탄계 무슬림이며 런던시장에 세 번 당선되었다. 또한, 2022년 영국 총리가 된 리시 수낵은 인도계 출신으로 영국 역사상 최초의 비(非)백인 총리였다. 정권이 노동당으로 넘어간 후 선출된 보수당 당수, 케미 바네토크는 나이지리아 출신이었다.

문제는 외국인 유입이 증가하면서 증가한 복지 부담과 문화적 충돌이다. 특히, 시리아, 이라크 등 국가의 경제적 이익이 아닌 인도적 차원에서 허용한 서아시아 난민도 유럽에 큰 부담이 되고 있다. 그러다 보니 외국인에 대한 부정적 정서가 확산되고, 정치적으로도 상당한 변화를 맞이하고 있다.

그렇다고 이민 정책을 되돌릴 수도 없다. 인구 규모를 유지할 수 있는 2.1명보다 합계출산율이 낮은 상황에서 이민 정책을 거부하면 실제 합계출산율 감소보다 더 큰 인구 감소 효과를 체험하게 될 것이기 때문이다. 자국의 사람들이 해외로 이민을 떠나는 것도 고려해야 한다. 더 큰 문제는 이렇게 빠져나가는 사람들은 재능이 좋고 일에 대한 의지가 강한 사람일 가능성이 높다는 것이다. 내수 시장이 위축되고 인재가 줄어들면 그 효과는 기업으로 확산된다. 기업은 더 큰 시장과 인재를 찾아 해외로 나가게 된다. 충격이 이중 삼중으로 커지는 것이다.

국가 간 우수 외국인 확보 경쟁

일본은 독일과는 상황이 다르다. 2012년 아베 정권 출범 이후 외국인력 유입 확대를 위한 이민 정책을 강화해 왔다. 이런 노력으로 외국인 노동자는 매년 지속적으로 증가하고 있으며 2023년에는 2백만 명을 넘어섰다. 그럼에도 G7 국가 중에는 이민자의 인구 비중이 가장 낮은 국가이다. 선호하는 인력도 농업, 건설, 조선업 등 일손이 부족한 분야 중심이다. 정착을 전제로 하는 독일과는 다르다.

일본의 모델은 문화적 충격을 줄여준다는 효과는 있다. 반면, 혁신과 소비 확대 효과를 기대하기 어렵다는 단점이 있다. 어차피 일본에서 가족과 살지 않는데 굳이 주택을 사고 소비를 할 필요는 없다. 최대한 번 돈을 자국의 가족에게 송금한다. 외국인에게 배타적인 문화 때문에 해외 우수인재가 오지 않는다. 4차 산업혁명이란 새로운 시대 변화 속에서 국가의 혁신역량을 높일 인재가 부족해진다.

앞으로 국가의 경쟁력은 외국의 우수인재에게 정주여건을 제공하고 이들을 포용할 수 있는 역량에 달려있다. 이미 인재를 두고 국가 간에 쟁탈전이 벌어지고 있다. 외국 이민자에 대한 정서적 거부감으로 이민 허용을 줄이는 경향이 늘고 있지만, 이공계 첨단 분야

인재는 예외다. 미국과 중국처럼 적대국이 아닌 이상 우수한 인재의 유입을 막지 않는다. 이제 우수인재의 선호 여부가 국력의 지표가 되고 있다.

그런 면에서 싱가포르가 상당히 유리하다. 싱가포르의 출산율이 낮지만 그리 문제가 되지는 않을 것으로 보인다. 자본 시장이 잘 발달되어 있고 산업 경쟁력도 높은 수준이다. 부자는 물론 재능 있는 인재들이 모이고 있다. 합계출산율은 2023년 0.97명을 기록하며 심각한 수준이지만, 인구는 조금씩 증가하고 있다.

◆ 한국의 정해진 미래, 다민족 국가

한국의 피할 수 없는 선택, 다민족 국가

한국은 이미 초저출산 사회로 진입했으며, 그 속도가 어느 나라보다 빠르다. 이런 상황에서 다민족 국가로 갈지 여부는 이미 선택할 수 있는 것이 아니다. 이미 산업 기반을 유지하기 위해 외국인 고용허가제 규모를 대폭 늘리면서 외국인 노동자가 지속적으로 유입되고 있다.

2023년 내국인 숫자는 감소했지만 외국인이 증가하며 3년 만에 총인구가 늘었다. '외국인 주민'* 1만 명 이상 또는 인구 대비 5% 이

---

* 일부 지방자치단체 조례에서 출입국관리법에 따라 90일 이상 초과하여 거주하는 등록외국인을 '외국인 주민'으로 정의하고 있지만, 지자체별로 그 기준과 범위가 제각각이다.

상이 거주하는 외국인 주민 집중거주지역은 2022년 97곳에서 30곳이 늘어 127곳이 되었다. 특히 인구 대비 10% 이상 거주하는 지역이 14곳인데, 5만 명 이상 외국인이 있는 곳은 금천구, 아산시, 안산시, 시흥시, 구로구, 영등포구로 산업체가 밀집된 지역이다.

합계출산율 하락 속도를 감안할 때, 앞으로 외국인 유입은 더욱 빨라질 것으로 보인다. 설령 내년부터 합계출산율이 지금의 3배 가까운 2.1명으로 올라간다고 해서 달라지는 것은 없다. 지금 태어난 아이가 생산가능인구에 진입하려면 15~20년이 더 필요하다. 지금 아이를 갖는 세대 규모가 앞으로 부양해야 할 베이비붐 세대보다 적기 때문에 합계출산율을 2.1명으로 올린다고 해서 부양해야 할 부담이 줄어드는 것도 아니다.

만일 이런 변화를 거부하면 어떤 문제가 생길까? 한국의 제조업 붕괴는 가속화될 것이다. 그러잖아도 중국과 경쟁이 힘든 상황에서 생산인력 자체가 줄어들면 기업을 유지할 수 없다. 이런 상황에서 선택은 기업 문을 닫든지 아니면 생산시설을 해외로 옮기는 것이다. 어떤 결론이 나던 한국 내수 경제는 부정적이다.

"피할 수 없다면 즐겨라."

우리가 힘든 일을 만났을 때 하는 이야기다. 딱 지금의 한국 상황이 그렇다. 외국인의 유입을 막을 수 없다면 그것을 어떻게 효과적으로 대응할지 고민해야 한다. 지금 어떤 정책을 펼치느냐 따라 앞으로 10년, 20년 후에 한국의 모습이 결정된다.

국가에 대한 충성이 강조되어야

한 나라에서 여러 민족이 살게 되면 발생하게 되는 가장 큰 문제의 원인이 문화적 차이다. 그런 이유로 다문화 사회를 만들어야 한다고 이야기한다.

한국의 다문화 정책은 1991년 산업연수생 제도가 도입되면서 시작되었다. 국내에 이주 노동자가 늘어나면서 다양한 인권 문제가 발생했고, 이에 대응하기 위해 포괄적인 다문화 정책이 제안되기 시작했다. 다문화 정책이 본격적으로 발전한 시기는 2000년대 초반부터다. 특히 2006년에는 '결혼이민자 가족의 사회통합 지원대책'이 발표되면서, 정부는 다문화가족지원법 등을 통해 다양한 정책을 시행하기 시작했다. 2000년대 중반에는 다문화가족지원법이 제정되면서 다문화 정책이 제도적으로 자리 잡게 되었다.

그렇다면 앞으로 다민족 국가로 본격 진입하면 현재의 다문화 정책을 그대로 추진해도 될까? 다민족 국가와 다문화 국가는 비슷하지만 다르다. 이를 가장 잘 보여주는 것이 미국이다.

미국은 유럽은 물론 아시아, 아프리카 등 전 세계에서 온 사람들이 만든 국가다. 정작 원주민이라고 할 수 있는 인디언은 미국 인구의 극소수에 불과하다. 전 세계에서 온 만큼 다양한 문화가 있다. 그렇다고 그 문화가 본국의 문화와 같지는 않다. 때로는 다른 어느 나라에도 찾아보기 어려운 미국만의 문화를 만들기도 한다.

가장 큰 차이는 국가 개념이다. 기본적으로 민족의 동질성이 높은 국가는 국가에 대한 충성을 크게 강조하지 않는다. 과거부터 다른 민족의 침입을 물리치던 전통이 있기 때문이다. 그런데 다민족 국가의 경우에는 다르다. 만일 국가에 대한 충성을 강조하지 않으면 국가로서 유지하기가 어렵다.

미국은 다민족 국가로서 국가에 대한 충성을 매우 강조한다. 이민을 원하는 자들이 시민권을 얻기 위해서는 국가와 사회에 대한 기여를 입증해야 한다. 어려서부터 국기에 대한 맹세를 교육하고, 이를 거부하는 초등학생이 경찰에 체포되는 경우도 있다.

한국은 단일민족 국가임에도 이념 차이로 북한과 6.25 전쟁을 경험하면서 국가에 대한 충성을 강조해 왔다. 그 배경에는 미국식 문화가 있는 것으로 보인다. 이후 인권이 강조되면서 유럽의 문화를 따르기 시작했다. 앞으로 다민족 국가가 되는 한국은 국가의 기본 틀을 유지하기 위해서라도 다시 과거와 같이 국가에 대한 충성을 강조할 수밖에 없다.

한국에 상주하는 외국인은 한국계 중국인(27.5%), 베트남인(12.8%), 중국인(11.4%), 태국인(9.9%) 순으로 많았다. 특히 국내 거주 베트남인은 지난해에만 18.1% 늘어나며 가장 높은 증가율을 보였다. 태국인(16.8%), 중국인(8.5%)도 증가율이 높았다. 한국 국적을 취득한 외국인의 출신을 보면, 한국계 중국인(소위 조선족)이 43.5%로 가장 큰 비중을 차지하고 있다. 그다음으로 베트남(23.3%), 순수 중국(18.1%) 순이다. 중국 출신이 3분의 2 가까이 된다.

이런 상황에서 한국보다 중국에 충성하는 사회구성원들이 늘어난다는 것은 국가에 심각한 위기를 초래할 수 있다. 이미 국내 반중 정서는 사회정치적 문제를 초래하고 있다. 최근 다이빙 주한 중국

대사까지 나서 한국 내 반중 시위가 외교 문제로 번질 수 있다고 지적할 정도다. 애초에 한국 국적 취득을 허용할 때, 특정 국가 출신이 너무 큰 비중을 차지하지 않도록 출신 국가에 대한 쿼터제를 적극 도입할 필요가 있다. 최근 유럽의 큰 사회문제로 이어지고 있는 이슬람 이민자는 신중할 필요가 있다. 한국은 불교, 기독교, 천주교 등 종교의 다양성이 높은 국가이지만 이슬람은 예외다. 결국, 우리가 다민족 국가로 나아가기 위해서는 이민자들이 얼마나 사회에 융화되고 기여하며 살아갈 수 있느냐가 최우선적으로 고려되어야 한다.

국가에 기여한 만큼 보상받는 공정한 시스템으로 전환해야

한국 사회는 전통적으로 같은 민족이라는 인식을 바탕으로 공동체적 정서를 형성해 왔다. 그러나 다민족 국가로 변화하는 과정에서는 이러한 인식의 근본적인 전환이 필요하다. 과거에는 국가에 대한 기여보다 동질성을 더 중요하게 여겼지만, 앞으로는 공동체에 기여한 만큼 보상받는 시스템으로 전환해야 한다.

이를 위해 국적이나 영주권 여부, 비자의 종류 등에 따라 차등을 두는 것도 필요하다. 해외 출신으로 한국 국적을 취득해 영주할 사람과 단기간 일하고 떠날 사람은 한국에 기여하는 정도가 다르다. 한국 국적을 가진 사람이라도 장기간 해외에서 생활한 경우와 오랜 기간 한국에 거주하며 세금을 납부한 사람은 다르게 평가될 수밖에 없다.

그렇다고 해외 거주 한국 국적자나 외국 국적의 한국인을 배척

해서는 안 된다. 이들은 강소국인 한국이 수출에 의존하는 경제 구조 속에서 매우 중요한 자산이다. 이들이 글로벌 네트워크를 활용해 한국과 협력하면 강력한 시너지를 창출할 수 있다. 한국에서 활동하는 외국인들 역시 국가 경제와 사회 발전에 기여할 수 있는 중요한 인적 자원이다. 따라서 한국이 우수 인재를 효과적으로 유치하고 활용하려면 이들이 한국과 외국을 오가며 역량을 발휘할 수 있도록 하는 시스템이 필요하다.

한편, 사회복지는 그간 세금으로 국가에 얼마나 기여했는지를 고려해야 한다. 이는 단순한 재정 운영의 문제가 아니라 사회계약의 개념과 관련된다. 세금을 납부하며 사회적 책임을 다한 사람이 보상을 받는 것이 공정한가, 아니면 모든 사람이 동등하게 지원을 받는 것이 공정한가에 대한 논의가 필요하다. 앞으로는 복지 혜택과 사회적 기여도를 연계하는 방식이 더욱 정교해져야 한다. 예를 들어, 일정 기간 세금을 납부한 사람에게 추가적인 사회보장 혜택을 제공하는 방안을 검토할 수 있다. 사회적 연대와 기여가 균형을 이루는 새로운 복지 시스템을 구축하는 것이 한국 사회의 지속 가능성을 높이는 길이다.

또한, 외국인 단기 노동자의 최저임금 기준을 내국인과 차별화할 필요도 있다. 현재는 국내 근로자와 동일한 기준을 적용하고 있지만, 그 규모가 커지면 문제가 달라진다. 외국인 노동자는 생활비가 내국인보다 적게 들고, 상당한 소득을 본국으로 송금한다. 이렇게 되면 경제가 성장해도 내수 활성화 효과를 기대하기 어렵다.

더 큰 문제는 외국인 노동자의 높은 임금이 국내 기업의 해외 이전을 가속화할 가능성이 있다는 점이다. 기업들이 낮은 인건비를 찾아 해외로 떠나면 한국의 산업 생태계 자체가 무너질 수 있다. 국제기구의 권고를 따르지 않는 것보다 더 중요한 것은 현실적인 경제 생존 전략이다. 지금까지 한국은 무일푼에서 시작해 경제적 기적을 이루었지만, 이제는 급격한 인구 감소 속에서 역성장을 감당해야 하는 시대를 맞이하고 있다. 한국의 국격이나 체면보다 생존이 우선이다.

중소기업 비중 줄이고, 대기업 비중 3배 늘려야

◆ 경제의 중심, 대기업이 부족하다

대기업 부족과 청년 일자리 문제

한국의 대기업(250인 이상) 고용 비중은 14%로 OECD 국가 중 최하위 수준이다. 미국(58%)의 4분의 1, 독일과 일본(40%)의 3분의 1 수준이다. 중소기업 중심 경제 구조로 유명한 이탈리아조차 대기업 고용 비중이 한국의 2배다. 한국의 대기업 비중이 원래부터 작았던 것은 아니다. 제조업만 놓고 보면 한때 50%에 가까웠던 대기업 비중이 2000년대 초반까지 지속적으로 감소했다.

대기업 부족은 결국 좋은 일자리 부족으로 이어진다. 청년들은 대기업 취업을 선호하지만, 지방에는 대기업이 부족하다. 그래서 청년들은 일자리를 찾아 수도권으로 이동한다. 부산은 광역시 중 처음으로 초고령 사회 기준인 65세 이상 인구 20%를 넘어서 23%에 진입했으며, 영호남 등 다른 지방도 사정은 다르지 않다. 그렇다고 수도권으로 올라온 청년들의 삶이 대단히 나아진 것도 아니다.

수도권은 주거비 부담과 긴 출퇴근 시간 때문에 결혼과 출산이 어렵다. 경기도에서 서울로 출퇴근하는 데 왕복 평균 2시간 14분이 소요된다. 또한, 높은 주거비의 변동성이 커 안정적인 생활도 어렵다.

청년들은 왜 대기업 취업을 선호할까? 높은 임금, 좋은 복지, 그리고 고용 안정성이 이유다. 대한상공회의소 조사(2023년)에 따르면, 청년들의 대기업 선호도는 64.3%로 압도적이며, 중소기업 선호도는 15.7%에 불과하다. 주요 이유는 높은 임금과 복리후생(71.7%)이다. 반면, 중소기업을 기피하는 이유로는 낮은 워라밸(45.3%), 불투명한 성장 가능성(43.7%), 낮은 고용 안정성(39.3%)이 꼽혔다.

물론 예외도 있다. 판교 테크노밸리와 같은 혁신 클러스터에서는 청년들이 스타트업 취업도 마다하지 않는다. 혁신형 중소벤처가 몰려 있으면 네트워크 형성이 쉬워지고, 원하는 조건에 맞춰 이직이 가능하기 때문이다. 이런 장점 덕분에 중소기업의 낮은 임금과 복지, 고용 불안정성을 어느 정도 상쇄할 수 있다. 실제로 IT 기업의 3분의 2가 이직이 용이한 구조를 가지고 있다. 또한, 벤처기업은 혁신성이 높고 큰 성공을 기대할 수 있어 좋은 인재들이 몰린다. 지방의 대기업인 포스코조차 우수인재를 확보하기 위해 포항의 연구소를 판교 테크노밸리로 옮길 정도다.

그러나 전국적으로 이런 성공적인 혁신 클러스터를 찾아보기는 어렵다. 정부가 여러 혁신 클러스터를 지정했지만, 실제로 스타트업이 활발하게 활동하는 곳은 드물다. 이는 정부의 투자가 지역의 혁신 기업 육성보다 정치적 논리에 휘둘려, 예산을 지역에 배분하는 데 집중됐기 때문이다. 그 결과, 첨단의료복합단지처럼 시설은 갖춰졌지만 정작 지원할 기업이 없는 경우까지 발생했다. 지역 일자리가 붕괴되면서 우수 인력은 수도권으로 몰렸고, 결국 민간 투자도 수도권에 집중될 수밖에 없었다.

중소기업의 한계와 생산성 문제

중소기업이 좋은 일자리가 되려면 생산성을 높여야 한다. 생산성이 높아야 수익이 늘고, 그에 따라 높은 임금과 복지 수준을 유지할 수 있다. 그렇다면 현재 한국의 중소기업 생산성은 어떤 상황일까? 기업 규모가 작을수록 평균 임금이 낮아진다. 300인 이상 기업을 100%라고 할 때, 100~299인 기업의 임금은 70%, 5~9인 기업은 54%에 불과하다.

중소기업 생산성이 대기업보다 낮은 것은 어느 정도 자연스러운 현상이다. 기업은 규모가 커질수록 생산성이 높아진다. 자영업을 하기보다 기업을 만들고 규모를 키우는 이유는 개별적으로 일하는 것보다 한 조직에 모여 일하면 거래 비용을 줄일 수 있기 때문이다. 또한, 대기업은 더 많은 자본을 보유하고 있어 첨단 장비나 기술을 활용하기도 쉽다. 물론 조직이 너무 커지면 조직 관리가 되지 않는다. 그래서 오히려 또 다른 비효율성이 발생한다. 만일 이 문제만 해결할 수 있다면 규모가 커질수록 생산성은 높아진다.

그럼에도 불구하고 한국의 중소기업은 대기업 대비 1인당 부가가치 창출 효과가 유독 낮다. OECD에서도 최하위권이다. 물론 대기업이 중소기업에 적절한 보상을 하지 않는 것도 이런 현상을 부채질하고 있다. 사실 중소기업이 많아질수록 이런 현상은 심화될 수밖에 없다. 기업 규모가 일정 수준 이상 되어야 부당한 거래에 대해서 대응할 수 있다. 규모가 작으면 현실적으로 대응이 어렵다. 이런 문제를 해결한다면서 2023년 납품단가 연동제를 도입했다. 하지만 효과는 제한적이다. 일부 중소기업의 부담을 일부 덜어줄 수는 있어도, 중소기업의 생산성 자체를 높이지는 못했다.

자영업자의 어려움과 구조적 문제

더 큰 문제는 기업이 제공하는 일자리가 부족하다 보니 결국 자영업으로 내몰리고 있다는 점이다. 한국은 자영업자 비중이 너무 높다. 한국 자영업자 비중은 23.5%(2022년)로, OECD 국가 중 7위다. 한국보다 높은 나라는 콜롬비아(53.1%), 멕시코(31.8%), 그리스(30.3%) 정도다. 미국의 3.6배, 일본의 2.4배 수준이며, 미국(6.6%), 독일(8.7%), 일본(9.6%), 프랑스(13.1%)보다 높다.

자영업자의 연평균 소득은 해마다 낮아지고, 부채는 늘고 있다. 연평균 소득(1,938만 원, 2022년)은 최저임금(1,914만 원) 수준이며, 사장이 직원보다 임금이 낮은 경우도 빈번하다. 특히 자영업자 대출은 해마다 계속 늘어나며, 코로나19를 거치면서 매우 심각해졌다. 2024년 3월 기준, 3개 이상 금융기관에서 돈을 빌린 다중채무자 172만 명은 전체 개인사업 대출자의 절반 이상(51.4%)을 차지한다. 65세 이상 자영업자의 부채는 연 소득의 10배를 넘는다. 그렇다고 임금노동자보다 근로 환경이 좋은 것도 아니다. 자영업자는 임금노동자보다 평균 7시간을 더 일한다.* 사실상, 일을 하면 할수록 부채의 늪에 빠지는 상태인 것이다.

수출에서 대기업이 중요한 이유

한국 경제는 눈부신 성장을 이루며 선진국 대열에 진입했다. 1974년 195.4억 달러였던 국내총생산(GDP)은 2022년 1조 6,643.3억 달러로 85.2배 증가했다. 같은 기간 1인당 GDP도 563.3달러에서 32,236.8달러로 57.2배 상승했다. 세계 GDP 순위 역시 30위에서 10위로 올라섰다. 이러한 성장은 농어업 중심에서 제조업 중심으로, 경공업에서 중공업으로, 그리고 반도체와 정보통신 산업으로의 산업 고도화 덕분이었다. 한국 기업들의 투자와 경제 기여도는 평균 20.0%로, 이는 일본(16.6%)보다 높고 미국 등 G7 국가(12.1%~10.3%)의 두 배에 이른다.

한국 경제가 작은 내수 시장과 자원 부족이라는 한계를 극복하고 성장할 수 있었던 핵심 동력은 수출이었다. '수출입국(輸出立國, 수출로 세운 나라)'이라는 표현처럼, 한국은 수출을 통해 경제 성장을 이뤄왔다. 한국이 세계 인구에서 차지하는 비중은 0.63%에 불과하지만, 전 세계 GDP에서 차지하는 비중은 1.67%에 이른다. 석유를 생산하지 않는 국가임에도 GDP 대비 수출 비중은 1971년 12.7%에서 꾸준히 증가해 2012년 54.1%까지 상승했다. 지난 50년 동안 수출은 153배 증가하며, 글로벌 시장 점유율 순위도 세계 39

---

* 2023년 8월 기준

위에서 7위로 올라섰다.

대기업은 한국의 수출에서 핵심적인 역할을 하고 있다. 전체 수출의 77%를 차지하며, 광제조업 수출의 경우 그 비중이 83.4%에 달한다. 상위 100대 기업이 전체 수출의 64.9%를, 상위 10대 기업이 32.9%를 담당하고 있다. 반면, 중소기업은 수출 경쟁력을 확보하는 데 어려움을 겪고 있다. 내수 시장이 작고 특정 대기업과의 거래에 의존하는 구조에서는 협상력이 부족하기 때문이다.

과거 대기업이 중소기업에 독점거래를 강요하는 관행이 심각했지만, 최근 사회적 비판이 강해지면서 이러한 관행이 줄어들고 있다. 대기업들도 지속적인 경쟁력을 확보하기 위해 독점거래를 줄이며, 보다 다변화된 공급망을 구축하고 있다. 그러나 이러한 변화가 중소기업의 수출 경쟁력 강화로 이어지는 것은 아니다. 결국 핵심은 글로벌 경쟁력이다. 한국 중소기업의 주요 경쟁 상대는 중국 기업이며, 대기업과의 생산성 격차도 점점 커지고 있다. 1990년대 이전까지만 해도 한국 중소기업의 1인당 부가가치는 대기업의 50% 수준이었지만, 중국이 개방된 이후 점차 하락해 현재는 30% 수준까지 떨어졌다.

이러한 상황에서 한국은 중소기업의 글로벌 경쟁력 강화를 위해 '히든 챔피언' 모델을 도입했다. 히든 챔피언은 세계 시장에서 톱3 안에 들면서 매출이 40억 달러 이하이고, 대중에게 잘 알려지지 않은 기업을 의미한다. 하지만 한국에서 통용되는 히든 챔피언 모델은 원래의 개념과 차이가 있다. 실제로 독일의 히든 챔피언 기업 중 78%는 직원 수 200명 이상의 대기업이며, 1,000명 이상을 고용한 기업도 전체의 46%에 이른다. 글로벌 시장에서 경쟁력을 확보하려면 일정 규모 이상의 성장이 필수적이며, 이는 중소기업이 단독으로 감당하기 어려운 과제다. 결국 중소기업이 글로벌 시장에서 살아남기 위해서는 규모화를 통한 경쟁력 확보가 필수적이다.

◆ 대기업이 부족한 이유

피터팬 증후군에 빠진 중소기업

한국의 중소기업들은 정부로부터 적극적인 지원을 받고 있으며, 그 규모는 OECD 최고 수준이다. 그러나 과도한 지원이 오히려 중소기업의 성장을 저해하는 부작용을 낳고 있다. 2019년 한국의 중소기업 보증 대출 규모는 OECD 1위, 2020년에는 3위를 기록했으며, 이는 GDP의 4%에 해당한다. 또한, 정부의 R&D 예산 지원은 2019년 1위, 2020년 2위를 차지하며 GDP의 1.4% 수준에 달한다.

중앙정부는 지속적으로 예산을 확대하며 지원 사업 수도 늘리고 있다. 그러나 기존 사업만으로 성과를 내기 어려운 상황에서 새로운 지원 사업을 계속 신설하다 보니, 전체적인 효율성이 저하되는 문제가 발생하고 있다. OECD는 이러한 지원 규모를 줄일 것을 권고하며, 과도한 지원이 오히려 중소기업과 대기업 간 생산성 격차를 확대하는 원인이라고 지적하고 있다. 산업계에서도 정부 지원 사업이 '눈먼 돈'으로 인식되는 분위기가 확산되고 있으며, 2017년 이후 증가한 지원금의 절반을 삭감해야 한다는 의견도 제기되고 있다.

높은 R&D 성공률에도 불구하고, 사업화 성공률은 지속적으로 감소하고 있다. 2012년 40.4%였던 사업화 성공률은 2018년 20.9%로 절반 가까이 줄어들었다. 정부 산하기관들은 집행해야 할 예산이 많다 보니, 적격 기업이 없어도 예산을 소진하기 위해 사업비를 집행하는 사례가 늘고 있다. 이 과정에서 일부 기업들은 정부 지원에 의존하는 '좀비기업'으로 전락했고, 심지어 정부 사업에서 성과를 낼 필요조차 없다고 인식하는 기업들도 등장하고 있다.

정부의 재정 지원 감소와 규제 강화를 우려한 중소기업들은 성장을 기피하고 있다. 기업 규모가 커질수록 126개의 추가 규제가 적용되며, 중소기업 적합업종 제도 등의 영향으로 인해 성장보다는 현 상태를 유지하려는 경향이 강하다. 한국은 대기업을 별도로 규제하는 구조를 가지고 있으며, 대표적으로 대기업 집단 지정 제도, 중소기업 적합업종 제도, 중소기업자 간 경쟁제품 지정 제도 등이 있다. 반면, 선진국들은 같은 규제를 적용하되 중소기업에는 일부 기준을 완화하는 방향으로 정책을 운용하고 있다.

이로 인해 중소기업들은 마치 '피터팬 증후군'처럼 성장 자체를 기피하고 있다. 중견·대기업으로 성장한 기업들은 오히려 다시 중소기업으로 돌아가고 싶다는 하소연을 하기도 한다. 시장이 커지면 기존 기업을 키우기보다 유사한 기업을 새로 창업해 중소기업 지위를 유지하려는 현상도 나타나고 있다.

2011년 도입된 중소기업 적합업종 제도로 인해 대기업이 해당 업종에서 철수하면서 국내 산업 경쟁력이 약화되는 사례도 발생했다. 전기차 충전장치, 아스콘, PVC 수도관 등의 품질 저하로 글로벌 경쟁력이 하락했고, 안내전광판의 경우 중소기업 적합업종 지정 이후 외국산 제품이 국내 시장을 장악하는 결과를 초래했다.

대기업과 중소기업 간 협력도 위축되며 산업 생태계는 더욱 악화되고 있다. 과거 대기업의 불공정 거래 관행으로 인해 정치권과 언론이 중소기업을 적극적으로 보호하는 구조가 형성되었고, 이에 따라 대기업의 중소기업 대상 M&A조차 부정적으로 인식되는 경향이 강해졌다. 또한, 기술 탈취 논란을 피하기 위해 대기업들이 중소기업과의 기술 검토 자체를 기피하는 상황까지 발생했다. 그 결과, 혁신 기술을 가진 국내 중소기업을 찾기 어려워졌고, 해외 중소기업과의 협력이 증가하는 추세다. 해외 기업과 협력할 경우 실리콘밸리식 유연한 계약 방식이 가능하지만, 국내에서는 경영권, 기업 가치 산정, 수익·리스크 배분 등의 문제로 협력이 어려운 구조다.

반대로 해외 대기업들이 국내 중소기업과 협력하는 사례는 늘어나고 있다. 현재 52개 해외 대기업이 한국에서 59개의 오픈 이노베이션 센터를 운영하며, 초기 스타트업 발굴을 위한 16개의 혁신 랩도 운영 중이다. 중소벤처기업부 역시 이러한 문제를 인식하고 있지만, 대기업을 적대시하는 사회적 분위기와 중소기업 감소에 따른 부처 위상 하락을 우려해 논의를 기피하고 있다.

재벌에 대한 부정적 사회 인식

우리나라 국민의 절반 이상이 재벌에 대해 부정적인 인식을 가지고 있다. 2019년 연합뉴스 조사에 따르면, 응답자의 66.9%가 재벌을 부정적으로 평가했으며, 긍정적인 응답은 27.5%에 불과했다. 재벌에 대한 부정적 인식의 주요 원인은 정경 유착(25.7%), 편법 승계(23.6%), 갑질 행태(18.9%), 불공정 거래(18.1%), 독단 경영(7.3%) 등이었다. 또한, 기업 경영 방식에 대한 조사에서 총수 중심의 경영(13.1%)보다 전문경영인 체제(82.3%)가 더 적합하다는 응답이 압도적으로 많았다.

　황제경영은 창업가족이 상장사를 개인회사처럼 운영하는 방식을 뜻한다. 이 경우 기업 운영의 최우선 목표는 창업가족의 경영권 유지이며, 그 과정에서 편법과 위법이 발생하는 경우가 많다. 가족 간 경영권 분쟁이 심화되면 국민과의 이질감과 위화감도 커진다. 또한, 경영 투명성이 낮고 경영 성과와 무관하게 기업이 운영되며, 때로는 창업가족의 개인적 취향에 맞춘 사업이 진행되기도 한다. 그 결과, 투자 대비 이익률(ROE)과 주주 배당 비율(DPR) 모두 최하위권을 기록하고 있다. 특히, 한국에서는 기업 인수 시 지배주주의 주식만 비싸게 거래되는 '경영권 프리미엄' 개념이 존재하는데, 이는 일본, 독일, 영국 등 선진국에서는 찾아볼 수 없다. 일본과 유럽은 M&A 시 의무공개 매수 제도를 시행하고 있으며, 미국은 별도의 제도가 없지만 일반 주주 지분 공개매수 관행이 자리 잡고 있다.

　문어발 경영은 재벌이 다양한 사업 분야로 확장하는 경영 방식이다. 이 방식은 특정 분야에 집중하는 대신 경영 위험을 분산하고, 대규모 자본을 활용해 신사업을 빠르게 성장시킬 수 있다는 장점이 있다. 그러나 본업 이외의 사업 확장이 지속되면 자기자본이익률

(ROE)이 낮아지고, 핵심 사업의 경쟁력이 약화되는 부작용이 발생할 수 있다. 또한, 재벌과 경쟁하는 기업들은 단순한 자본 규모 차이뿐만 아니라, 재벌의 영향력 행사로 인해 불공정 경쟁에 직면하기 쉽다. 특히, 계열사 간 내부 거래를 통해 계열사에 일감을 몰아주면 중소기업들이 생존하기 어려워진다. 이를 방지하기 위해 한국은 경제력 집중을 막기 위한 대규모기업집단 제도를 운영하고 있지만, 실질적인 성과는 미미하다. 오히려 대규모기업집단으로 지정된 기업과 소속 계열사 수는 지속적으로 증가하고 있다.

정경 유착은 한국 경제 발전 과정에서 정부가 특정 기업을 선택해 지원하고, 이들이 기업집단을 형성하며 성장하는 방식으로 이루어졌다. 경제 기반이 부족했던 시기에는 이러한 방식이 국가 경제 발전에 기여했다는 긍정적인 측면이 있다. 그러나 시간이 지나면서 재벌이 정치권에 정치자금을 제공하고 특혜를 받는 구조가 고착화되면서, 공정 경쟁이 심각하게 훼손되는 부작용이 발생했다. 이로 인해 국민의 재벌에 대한 반감이 커졌고, 정치권은 이를 정치적 수단으로 활용하는 경향을 보였다.

예를 들어, 대통령 해외 순방 시 재벌 기업인을 동행시켜 경제 성과를 강조하거나, 국정감사에서 재벌 총수를 소환해 질타하며 정치적 효과를 노리는 행태가 지속되고 있다. 특히, 최순실 국정농단 사건과 같이 재벌이 정치적 사건에 휘말리면서 기업 경영에 치명적인 타격을 입는 사례도 발생했다. 이는 재벌이 단순한 경제 주체를 넘어 정치적 이슈의 중심에 서게 되는 구조적 문제를 보여준다.

노동자와 자본가, 이분법적 사고

재벌은 주인이고, 직원은 머슴이라는 인식은 K-드라마의 단골 소재일 정도로 뿌리 깊게 자리 잡고 있다. 정태수 전 한보그룹 회장은 1997년 비자금 청문회에서 "자금이란 것은 주인인 내가 알지, 머슴이 어떻게 압니까?"라고 말했다. JTBC 드라마 〈재벌집 막내아들〉에서 진양철 회장은 "마름한테 일을 시킨다 캐도 절대 글마들 믿지 마라"라고 말한다. 외국에서는 어떨지 모르지만 이는 한국 사회에서 결코 낯선 모습이 아니다. 재벌뿐만이 아니다. 중견·중소기업은 가업을 상속할 때, 지속적인 경영을 약속하면 최대 600억 원까지 세액을 공제해 준다. 기업 소유권의 승계를 인정하는 문화가 우리 기업의 규모와 상관없이 형성되어 있는 것이다.

이런 상황에서 직원들에게 주인의식을 가지라는 요구는 현실적으로 어렵다. 직원 입장에서는 해고되지 않을 만큼만 일하면서 최대한 오랜 기간 많은 임금을 받는 것이 합리적인 선택이다. 사장과 사원의 위계질서는 회사 내에서만 유효하며, 자신의 이익이 된다면 언제든 회사를 떠날 수 있다는 인식이 보편화되고 있다. 이에 따라 직원은 정해진 시간 동안 노동을 제공하는 주체로 여겨진다.

반면, 미국은 주식 보상 제도를 통해 직원을 '주인'으로 만든다. 2013년 '납세자 세금감면법(American Taxpayer Relief Act of 2012)'을 통해 가업상속공제를 영구 폐지하고, RSU(양도제한 조건부 주식)와 ESPP(직원 주식 구매 계획) 제도를 적극 활용하고 있다. RSU는 일정 기간 근속 등 조건을 충족하면 주식을 교부하거나 이에 상응하는 현금을 지급하는 방식이며, ESPP는 직원이 급여의 일정 비율로 할인된 가격에 주식을 구매할 수 있도록 지원하는 제도다.

엔비디아는 RSU와 ESPP를 적극 활용해 직원들의 헌신을 유도하고 있다. 직원들은 퇴근 후에도 연락이 오면 대응하며, 팀장급 직원들은 주말에도 하루 4시간만 자면서 업무에 집중한다. 장기 근속자들은 RSU로 받은 주식 가치가 크게 상승했고, 신입 직원들도 ESPP를 통해 연봉의 15%까지 2년 전 가격으로 주식을 구매할 수 있다. 이로 인해 직원들은 임금 인상이 기업의 영업이익을 감소시키고 주가 하락으로 이어질 경우 오히려 손해를 본다는 인식을 가지게 된다.

◆ 기업 생태계, 더 이상 버틸 힘이 없다

점점 더 약해지는 기업 경쟁력

기업들의 이자 부담이 가중되면서 이를 감당하지 못하는 사례가 늘고 있다. 한국경제인연합회가 2023년 5월 22일 발표한 자료에 따르면, 유가증권 시장(코스피)과 코스닥 상장사 중 이자보상배율이 1 이하인 기업이 전체의 30.8%를 차지했다. 이자보상배율은 기업의 영업이익 대비 이자비용을 나타내는 지표로 재무건전성을 평가하는 데 중요한 기준이 된다. 이것이 1 이하라는 것은 영업이익으로 이자비용을 충당할 수 없는 상태라는 것이다. 일시적으로 이를 충당하지 못하는 기업을 '일시적 한계기업'이라 하며, 이 상태가 3년간 지속되면 '한계기업'으로 분류되는데, 한계기업의 비율도 17.5%

에 이르렀다.

한편, 내수 중심 벤처기업들은 점점 더 환영받지 못하고 있다. 국내 벤처기업 10개 중 8개가 내수 시장에만 머물고 있고, 벤처기업협회장 성상엽에 따르면, 국내 벤처기업들의 해외 수출 비중이 점점 줄어들고 있다. 실제로 2019년 벤처기업의 해외 수출 비중은 28.9%였으나, 2022년에는 22.3%로 감소했다. 제조업 분야의 해외 수출이 그나마 46.9%로 높았던 반면, 소프트웨어, 방송, 도소매 등의 분야는 10%에 머무르며 평균을 끌어내렸다. 이는 내수 시장 의존도가 높은 플랫폼 기업들이 해외에서 경쟁력을 갖추지 못하고 있음을 시사한다.

한국의 플랫폼 기업이 환영받지 못하는 이유는 높은 내수 의존도와 관련이 있다. 문어발식 확장과 골목상권 침해 논란이 더해지면서 부정적인 이미지가 확산되고 있기 때문이다. 네이버의 경우 수출 비중이 40%로 높아 이러한 논란에서 비교적 자유로운 반면, 카카오는 20.7%로 수출 비중이 낮아 내수 의존도 문제의 중심에 서 있다. 배달의민족 역시 독일 기업 딜리버리히어로에 인수된 이후 내수 시장에 집중하며 골목상권과의 갈등이 심화되는 양상을 보이고 있다.

한국의 내수 시장 규모는 2023년 기준으로 전 세계 GDP의 1.6%에 불과하다. 따라서 내수 시장에만 의존할 경우 기업의 성장에 한계가 있을 수밖에 없다. 반면, K-pop 산업은 대표적인 수출 효자 산업으로 평가받고 있다. 하이브는 2023년 상반기 기준 해외 매출 비중이 63.3%, JYP는 52.2%로, 국내보다 해외에서 더 많은 매출을 올리고 있다. 이는 글로벌 시장을 겨냥한 산업이 지속 가능한 성장을 이룰 수 있다는 점을 보여준다.

점점 허약해지는 한국 증시

한국 자본 시장에는 '코리아 디스카운트' 현상이 존재한다. 이는 한국 기업이 실적이나 가치가 동등함에도 불구하고 다른 국가의 기업보다 낮은 주가로 평가되는 현상을 의미한다. 이 문제는 2000년대 초부터 꾸준히 제기되어 왔다.

최근 한국 증시는 주요국 대비 부진한 성적을 기록하고 있다. 2024년 10월 기준으로 한국의 코스피(KOSPI) 지수는 -3%를 기록하며 하락세를 보인 반면, 미국의 S&P 500 지수는 21.26%, 일본의 닛케이 225 지수는 15.45%, 중국의 상하이종합지수는 17.31% 상승했다. 대만의 가권지수(TAIEX)는 28% 증가했으며, 독일 DAX와 영국 FTSE 100 역시 각각 1.22%, 0.43%의 상승세를 기록했다. 이는 한국 시장의 상대적 부진을 극명하게 보여준다.

한국 증시의 낮은 평가를 다른 수치로도 확인할 수 있다. 주가를 기업의 순자산 가치와 비교하는 지표인 주가순자산비율(PBR)과 순이익 대비 주가를 나타내는 주가수익비율(PER)이 모두 세계 평균은 물론, 선진국 시장은 물론 신흥 시장보다도 낮은 수준이다. 2012년부터 2021년까지의 자료를 보면, 한국의 PBR은 주요 5개국 평균의 38%, 비교 대상 45개국 평균의 63% 수준에 불과했다. PER 역시 주요 5개국의 49%, 표본 국가 평균의 81% 수준에 머물렀다. 이러한 낮은 평가가 지속되면서, 투자자들의 신뢰가 약화되고 있다.

　국내 개인 투자자들은 한국 증시에 대한 신뢰를 잃고 해외 시장으로 이동하고 있다. 2024년 8월 개인 투자자의 거래대금은 245조 9,591억 원으로, 지난해 같은 기간(350조 3,798억 원) 대비 29.8% 감소했다. 반면 같은 시점 기준으로 국내 투자자의 미국 주식 보관 금액은 838억 8,355만 달러(약 111조 원)로, 전년도 654억 5,185만 달러(약 87조 원) 대비 28.2% 증가했다. 일본 주식 보관 금액 역시 약 1조 3,500억 원 증가하며, 해외 시장으로의 이동이 가속화되고 있다.

　국내 증시 거래대금 자체도 위축되는 모습을 보인다. 2024년 9월 6일 기준 개인 투자자의 국내 증시 거래 비중은 64.37%로, 지난해 71.05%에서 6.68%포인트 감소했다. 특히 금투세(금융투자소득세) 도입 논란이 지속되면서 개인 투자자들의 코스닥 시장 거래 비중은 지난해 81.63%에서 올해 79.32%로 줄어들었다. 개인 투자자의 거래대금 규모 자체도 감소했는데, 2024년 8월 거래대금은 전년도보다 29.8% 줄어든 반면, 외국인 투자자의 거래대금 감소율은 14.43%에 그쳤다.

　한국 증시는 국제적으로 보편화된 공매도 제도를 유지하지 못할 정도로 취약하다. 공매도는 주식을 빌려서 매도한 뒤, 주가가 하락하면 저렴하게 매수하여 갚는 거래 방식이다. 이는 시장 거래를 촉진하고 과대평가된 주식을 조정하는 기능이 있지만, 급격한 주가 하락을 초래하여 소규모 투자자들에게 피해를 줄 수 있는 단점도 있다.

선진국에서는 금융위기나 팬데믹과 같이 시장이 극도로 불안할 때만 공매도를 일시적으로 금지하지만, 한국은 2023년 11월부터 2025년 3월까지 1년 5개월간 공매도를 금지하고 있다. 이는 해외 투자자의 무차입 공매도* 위반과 주가 하락에 대한 개인 투자자들의 반대를 고려한 조치로, 2024년 총선을 앞둔 시점에서 시행되었다. 당초 2024년 6월 말까지만 금지할 계획이었으나, 무차입 공매도를 방지하기 위한 전산망 구축에 시간이 소요된다는 이유로 2025년 3월까지 연장되었다.

이 조치는 국제 기준에서 벗어난 것으로, 한국 시장의 신뢰도를 떨어뜨리고 외국인 투자자들이 한국 시장을 기피하는 요인으로 작용하고 있다. 과거에는 국제 기준에 맞춰 일시적인 공매도 금지 제도가 운영되었으며, 2023년에는 일부 종목에 한해 공매도를 허용하기도 했다. 당시 홍콩도 유사한 제도를 운영한다는 점이 근거로 제시되었다. 현재 홍콩은 전체 종목(13,699개, 2024년 10월 기준) 중 7.1%(980개)를 공매도 가능 종목으로 지정하고 있다. 다만 싱가포르처럼 한국에서 불법으로 간주되는 무차입 공매도를 허용하는 국가도 있다.

한국 증시는 조세의 기본 원칙조차 지키지 못할 정도로 취약한 상태다. 금융투자소득세(금투세)는 주식 및 펀드 투자로 연간 5,000만 원(해외 주식 등 기타는 250만 원) 이상의 소득을 올린 경우 부과되는 세금이다. 2020년 법안이 통과되어 2023년부터 시행될 예

---

* 보유하고 있지 않은 주식을 먼저 판 다음 결제일이 오기 전 시장에서 다시 매수해 대여자에게 반환하는 과정에서 차익을 얻는 방식

정이었으나, 2025년으로 유예되었다가 최종적으로 폐지되었다. 윤석열 정부는 금투세 폐지를 공식적으로 추진했으며, 찬성 측에서는 "소득이 있는 곳에 세금이 있다"는 조세 원칙 실현과 차명 거래를 통한 주가 조작 및 불법 내부자 거래 감소 효과를 기대할 수 있다고 주장했다. 반면 반대 측에서는 대규모 투자자 이탈로 인한 국내 주가 하락 가능성을 우려했다. 연간 5,000만 원 이상의 투자소득을 올리는 투자자는 전체의 1%에 불과하지만, 이들이 내국인 상장 주식의 53%를 보유하고 있다.

정상적인 자본 시장이라면 절세 혜택이 사라져도 문제가 되지 않아야 한다. 개인 투자자가 떠나면 그 자리를 기관 투자자가 채울 수 있어야 한다. 그런데 한국은 그게 어렵다. 기관 투자자들이 국내 시장에 적극적으로 유입되지 않는 상황이 지속되고 있다. 기관 투자자의 기본 원칙은 '가격이 싸면 매수하는 것'이지만, 한국 시장에서는 이 원칙조차 적용되지 않는 실정이다. 그만큼 한국 자본 시장에 대한 불신이 크다.

증시보다 더 심각한 벤처 투자 자본

한국 증시보다 더 심각한 문제는 벤처 투자 시장이다.

벤처 투자 시장의 핵심축 중 하나인 모태펀드는 2006년 6월부터 운영되기 시작했다. 이는 정부 주도로 설립된 한국벤처투자㈜가 정부자금을 활용해 모펀드를 조성하고, 이를 바탕으로 민간에서 운영하는 벤처펀드에 출자하는 구조를 갖춘 재간접펀드(Fund of Funds)다. 2005년부터 2023년까지 정부가 출자한 모태펀드의 총액은 17

조 원을 넘으며, 민간자금도 22조 원 이상 매칭되었다. 그러나 최근 들어 민간의 매칭 비율이 급감하는 추세다. 초기에는 정부 출자금의 두 배 이상이었던 민간자금이 최근 10년 사이 1~1.7배 수준으로 하락했다. 이는 민간 투자 활성화 효과가 점차 약해지고 있음을 의미한다.

또한, 모태펀드는 정부 자금을 활용하기 모험적 투자에 한계가 있다. 특정 기업에 집중하거나 크게 실패하면 특혜, 비리 논란을 피할 수 없다. 세금이 투입되는 만큼 실패를 최소화해야 하므로, 벤처의 잠재력이나 가능성보다는 정해진 기준에 따라 투자 기업을 선정하고 관리하는 구조를 띤다. 반면, 미국의 벤처 투자 방식은 다음 단계 투자에 참여하지 않을 경우 기존 투자금 전액을 포기하는 방식을 채택한다. 이는 다른 투자자와의 관계보다 벤처기업의 성공 가능성에 더욱 집중하는 전략이다. 그러나 한국은 정부자금을 안전하게 운용하는 것이 우선시되면서 도박성이 있는 투자 방식은 사실상 불가능하다.

정부는 이러한 배경에서 모태펀드 출자 규모를 줄이겠다는 입장을 밝혔다. 벤처 투자 시장이 성숙 단계에 접어들었으며, 확장재정에서 건전재정으로의 전환 과정에서 모태펀드 규모 축소가 필요하다는 판단이다. 연기금 측에서도 정부의 결정을 환영하는 분위기다. 그러나 투자업계에서는 원칙적으로는 맞지만 현실적으로는 어려운 조치라고 우려를 표한다. 모태펀드 축소는 정상화 과정의 일환이며, 세금이 투자 원천인 만큼 정부 개입이 줄어드는 것은 바람직한 방향이다. 실제로 한국 모태펀드 모델이 된 이스라엘의 요즈

마펀드(Yozma Fund)는 1993년 설립 후 불과 5년 만에 민영화에 성공했다.

민간 투자자들 역시 모태펀드가 중소기업 지원을 목표로 운영돼 왔지만, 경제성에 기반한 투자로 전환되어야 한다는 점을 인식하고 있다. 문제는 한국 벤처 시장이 아직 성숙하지 못했다는 점이다. 민간자금만으로는 시장을 유지하기 어려우며, 벤처캐피탈(VC) 설립에 필요한 자본금도 20억 원에 달하는 현실적인 장벽이 존재한다. 또한, 많은 운용사들이 8년 이상 생존하기 어려운 환경에 놓여있다. 따라서 벤처 투자를 민간 주도로 전환해야 한다는 방향성에는 공감하지만, 그동안 정부 지원에 지나치게 의존해 온 결과 독립적인 생태계 구축이 쉽지 않은 것이 현실이다.

확산하는 재벌식 경영

대규모 기업집단의 경영 관행은 여전히 유지되고 있다. 기업 분할 방식은 인적 분할과 물적 분할로 나뉜다. 인적 분할은 기존 회사의 주주들이 동일한 비율로 신설 회사의 주식을 나눠 가지는 방식이며, 물적 분할은 기존 회사가 신설 회사의 지분을 보유하는 형태로, 기존 주주들은 신설 회사의 주식을 직접 받지 못한다.

문제는 물적 분할된 자회사가 상장될 경우 발생한다. 새로운 주주가 유입되면서 자회사의 수익이 기존 모회사 주주와 신규 자회사 주주에게 분배되는데, 이 과정에서 모회사 주식 가치가 하락하는 할인 효과가 나타난다. 대주주는 형식적으로 손실을 보는 것처럼 보이지만, 한국에서는 경영권 프리미엄이 인정되는 관행이 있어 실질적인 손해를 입지 않는다. 오히려, 별도의 법인을 통해 경영권을 유지하면서 이익을 얻는 구조다.

　대표적인 사례로 LG화학의 배터리 사업 분할을 들 수 있다. LG화학은 배터리 사업을 물적 분할해 LG에너지솔루션을 설립했고, 이후 상장 과정에서 12.7조 원의 자금을 조달하며 높은 기업 가치를 인정받았다. 반면, LG화학은 중국 화학 산업과의 가격 경쟁에서 밀리며 주가가 하락했고, 2021년 고점 대비 66% 급락했다. 이러한 구조에서는 대주주가 미래 성장 가능성이 높은 사업을 분리하는 것이 유리한 선택이 된다.

　신규 대규모 기업집단도 기존 재벌의 경영 방식을 답습하고 있다. 대주주 중심의 물적 분할과 계열사 확장이 신규 기업집단에도 적용되는 추세다. 대표적인 사례가 카카오다. 카카오는 사업을 다방면으로 확장하며 벤처기업을 적극적으로 인수·합병(M&A)하면서, 2024년 4월 기준 계열사가 129개까지 증가했다. 카카오의 핵심 전략은 계열사가 성장하면 물적 분할 후 상장(IPO)하여 투자자금을 회수하는 방식이다.

　그러나 계열사가 증가할수록 사업 간 충돌 위험도 커진다. 예를 들어, 카카오페이와 카카오뱅크는 금융 서비스 영역에서 중복되는 부분이 많다. 두 회사의 주주 구성이 다르기 때문에, 카카오의 전략적 선택에 따라 특정 계열사가 희생될 가능성도 있다. 또한, 2차 전지 소재 사업을 영위하는 에코프로도 재벌식 경영 방식을 따르고 있다. 에코프로는 에코프로비엠, 에코프로머티리얼즈, 에코프로에이치엔을 모두 상장하며 계열사 기반의 확장을 이어가고 있다.

한국 기업 경영에서 중요한 요소는 경쟁력이 아니라 경영권 확보다. 2024년 들어 상장기업을 둘러싼 경영권 분쟁이 사상 최다를 기록했다. 경영권 분쟁과 관련된 공시된 소송 건수는 73개사 242건이며, 이 중 100건이 상장기업과 관련된 사건이다. 특히 사모펀드(PEF)와 금융사가 경영권 분쟁을 새로운 수익 모델로 인식하면서 경영권 다툼은 더욱 증가할 것으로 전망된다.

경영권 분쟁의 유형도 다양하다. 한미사이언스는 상속 과정에서 가족 간 갈등으로 인해 경영권 분쟁이 발생했다. 고려아연과 에프앤가이드는 동업자 간 갈등이 심화되며 경영권 다툼이 격화되었다. 티웨이항공과 쏘카는 최대 주주와 2대 주주 간 지분 경쟁이 본격화되고 있다.

그러나 이러한 분쟁 과정에서 기업의 미래 전략이나 성장 계획은 논의되지 않고, 오로지 경영권 확보에만 초점이 맞춰지고 있다. 경영 성과를 내는 경영자가 우대받고, 성과를 내지 못하는 경영자가 퇴출되는 주주자본주의가 제대로 작동하고 있다면 이러한 상황이 발생하지 않았을 것이다. 그러나 현재의 구조에서는 단순히 지분을 확보하면 경영권을 장악할 수 있는 시스템이 유지되고 있다.

공기업도 이러한 문제에서 자유롭지 않다. 현재 한국 증시에 상장된 공기업은 한국전력, 강원랜드, 그랜드코리아레저, 지역난방공사, 한국가스공사, 한전KPS, 한전기술 등 7개 기업이다. 그러나 이들 중 4개 기업은 자산 가치보다 낮은 평가를 받고 있다. 정부는 이러한 저평가 문제를 해결하기 위해 '밸류업 프로그램'의 일환으로 공기업 평가지침을 개정했으며, 배당 적정성, 소액주주 보호,

ESG(환경·사회·지배구조) 준수 등을 평가 기준에 추가했다.

그러나 효과에 대한 의문이 제기되고 있다. 강원랜드가 2024년 10월 11일 자사주 소각 계획을 밝힌 사례를 제외하면, 나머지 기업들은 여전히 저평가된 상태다. 특히 한국전력, 한국가스공사 등 에너지 관련 공기업들은 수익 창출에 구조적 한계를 가지고 있다. 탈원전 정책과 전기·가스요금 억제 정책으로 인해 연료비 인상분을 가격에 반영하지 못하면서 재무구조가 악화되고 있기 때문이다.

정부 역시 공기업 경영에서 재벌식 운영 방식을 답습하고 있다. 한국전력은 물적 분할 방식으로 한전KPS와 한전기술을 각각 2007년, 2009년 증시에 상장했다. 공기업은 공공기관운영법에 따라 임원 선발과 경영 공시가 이루어지지만, 일반 주주들은 경영 과정에 의견을 개진할 기회를 가지지 못한다. 공기업 경영은 정부 방침에 따라 운영되며, 정권이 바뀔 때마다 공기업 인사 논란이 끊이지 않는다. 최근 5명의 한국전력 사장 중 3명은 산업부 차관 출신이며, 1명은 정치인이었다. 민간 출신으로 사장직을 맡은 김중겸 사장은 전기요금 인상을 통한 부채비율 개선을 시도했지만, 결국 임기 중도에 사임했다. 이는 공기업 경영이 정치적 결정에 의해 좌우되고 있음을 보여주는 사례다.

재벌 지배구조 유효기간은 끝났다

더 이상 과거 방식의 기업 지배구조로는 버틸 수 없다. 이제는 기업과 국가의 이해관계가 완전히 일치하지 않는다. 한강의 기적이 가능했던 이유는 국가와 기업의 이해가 맞아떨어졌기 때문이다. 세계은행(World Bank)의 평가처럼 한국은 대일청구권 자금과 베트남 전쟁을 통해 산업을 일으킬 수 있는 자본을 확보했다. 또한, 자본 효율성을 높이기 위해 특정 기업에 특혜를 부여하고, 기득권에 안주하지 못하도록 신사업 할당과 기업 교환 등 적극적인 구조 조정을 시행했다.

그러나 지금은 정치가 민주화되고 해외자본이 대거 유입되면서 개발독재 시절처럼 국가가 기업 활동에 직접 개입하기 어려워졌다. 현재 코스피의 외국인 비중은 36%(2024년 7월 기준)로, 국가가 개입해 기업 간 이해관계를 강제로 조정할 경우 투자소송 대상이 될 수 있다. 또한, 기업이 해외 공장을 늘리면 국내 일자리는 감소해 국가적으로는 손해지만, 기업이 생존과 이익을 위해 해외 공장을 설립하는 것을 막을 수도 없다.

한 기업의 실적 하락이 다른 기업에게는 오히려 이익이 되는 경우도 발생한다. 예를 들어, 삼성전자가 AI 반도체용 메모리 생산에서 기술 부족을 겪자 해당 기술을 가진 SK하이닉스의 수익이 확대되었다. 또한 글로벌화가 진행될수록 기업이 국가 이익과 일정 부분 거리를 두는 것이 오히려 경쟁력을 높이는 현상까지 나타나고 있다. 현대자동차는 외국인을 CEO로 선임(2024년 11월)했고, 글로벌 센터를 운영하며 보스턴 다이내믹스를 인수하는 등 세계적 기업으로 변화하고 있다.

국민 눈높이와 멀어지면 기업 경영은 더욱 어려워진다. 국민들은 더 이상 한국식 기업 지배구조를 용납하지 않는다. 미국식 자본주의 경영 방식과 달리, 한국에서는 대주주가 일반 주주와 다른 방식으로 경영권을 행사해 왔다. 삼성전자가 현재 위기에 빠진 이유 중 하나는 편법 상속에 대한 국민적 반감이 컸기 때문이다. 에버랜드 소송부터 최순실 게이트까지 지속적인 사법 리스크가 그룹 경영을 어렵게 만들었다. 국민 여론을 의식해 미래전략실을 해체하면서 그룹의 컨트롤타워가 약화되었고, 각 부서가 7~8년 동안 따로 움직인다는 평가까지 나왔다. 초기 기술 중심에서 재무 중심 운영으로 변화하면서 효율성을 강조했지만, 결국 AI 반도체 핵심 기술(HBM)을 중간에 포기하는 결과로 이어졌다.

한국 경제가 어려워질수록 기존 재벌 방식의 경영에 대한 국민 정서는 더욱 나빠질 것이며, 기업 환경도 더욱 어려워질 것이다. 하지만 미·중 패권 경쟁과 경제 블록화가 심화되는 상황에서 국가의 지원 없이 글로벌 시장에서 살아남기는 쉽지 않다. 지금이야말로 기존 재벌들이 현실과 타협하면서 자신의 이익을 지킬 수 있는 마지막 기회일 수 있다. 이재용 회장이 경영권을 자식에게 물려주지 않겠다는 입장을 밝힌 것은 이러한 현실을 고려한 선택이다.

2024년 정부가 추진한 밸류업 프로그램은 근본적인 문제를 해결하지 못해 실패했다. 일본 증권거래소가 2023년에 추진한 밸류업 프로그램은 일본 기업의 자본 효율성이 낮고 글로벌 투자자로부터 저평가를 받는다는 문제를 해결하기 위해 도입되었다. 일본 대기업의 60%가 ROE(자기자본이익률) 8% 미만, PBR(주가순자산비율) 1 미만이었다. ROE 8%란 순이익이 자기자본의 8% 미만일 경우, 같은 돈을 8% 이자를 주는 은행에 넣는 것과 수익이 같다는 의미다. PBR 1 미만이란 자산을 모두 처분해도 돈이 남는다는 의미다.

일본은 밸류업 프로그램을 통해 해외 투자자의 관심을 끌며 주가를 상승시켰다.

반면, 한국 정부는 2024년 5월 밸류업 프로그램을 추진하고 9월 밸류업 지수를 발표했지만, 저평가된 고배당 종목(KB금융, 하나금융지주 등)이 제외되고, 주주환원에 인색했던 기업(NC소프트, SM엔터 등)이 다수 포함되었다. 발표 후 코스피는 오히려 2.13% 하락했다. 일본은 개혁 의지를 인정받았지만, 한국은 의지 자체를 의심받는 상황이 되었다. 부실한 기업 지배구조 개혁 없이 밸류업 프로그램만으로는 한계가 있다.

한국의 근본적인 문제는 신뢰할 수 없는 기업 지배구조다. 한국에서는 주식회사의 기본 원칙이 지켜지지 않는다. 대주주의 주식은 기업 가치를 인정받지만, 일반 주주의 주식 가치는 불명확하다. 2024년 두산그룹의 인수·합병 시도는 이러한 문제를 단적으로 보여준다. 두산그룹은 수익성이 높은 두산밥캣을 적자 기업인 두산로보틱스의 완전 자회사로 편입하는 구조 개편안을 발표했다. 두산로보틱스 1주와 두산밥캣 0.63주를 동일한 가치로 산정해, 투자자들은 대주주의 이익을 위해 개별 회사 주주의 이익이 침해되었다고 반발했다. 결국 금융감독원이 승인을 거절하면서 인수·합병은 무산되었다.

사실 한국의 주식회사 제도는 정상이 아니다. 이 제도는 다수의 투자자가 위험을 분산하면서도 안정적으로 수익을 추구하기 위해 만들어졌다. 그래서 주주는 소유한 주식만큼의 책임만 지면 된다. 이런 관점에서 보면, 회사 경영이 어려워질 때 대주주의 사재 출연은 제도의 취지와 맞지 않는다. 만약 어려움이 잘못된 경영 판단 때문이라면, 이사회에 참여하고 상법상 책임을 지는 등기이사가 손해배상을 하는 것이 맞다.

우리가 '회장'이라 부르는 상당수 대주주는 등기이사가 아니다. 이사회 참여하지 않기 때문에 경영 판단을 할 권한이 없다. 그럼에도 이사의 책임을 강화하는 상법 개정을 주도한 야당 대표조차 등기 대표이사 대신 회장을 만났다. 이는 실제 의사결정 권한이 등기이사가 아닌 회장에게 있다는 현실을 스스로 인정한 셈이다. 이렇게 우리 사회는 기형적 관행에 익숙해져 있다.

이제 IMF 위기의 숙제를 해결해야 할 시점이다. IMF 위기의 원인은 황제 경영으로 인한 과잉 부채, 이중장부와 부실 경영, 문어발식 확장, 정부의 외환 관리 시스템 문제였다. 이중장부와 외환 시스템은 개선되었지만, 황제 경영과 문어발식 확장은 여전히 해결되지 않았다. 지주회사 제도 도입 이후 소유 구조는 단순화되었지만, 황제 경영과 문어발식 확장을 막겠다는 취지는 달성되지 않았다. 미국, 독일처럼 자회사의 지분을 100% 보유하는 방식이 아니라, 한국은 최소 20~40% 지분 보유 기준을 적용하고 있어 지배주주가 보다 유리한 방향으로 지분구조를 설정하는 문제가 남아있다.

◆ 상법 개정 이상 큰 틀의 접근이 필요하다

큰 혼란을 불러올 상법 개정

주주 충실의무를 규정한 상법 개정안은 2025년 3월 야당 주도로 국회를 통과했다. 이사가 총주주의 이익을 보호하고 전체 주주의 이익을 공평하게 대우하도록 명문화했다. 기업의 강한 반대 속에 여당은 물론 야당 일부에서도 신중해야 한다는 의견이 나왔지만, 윤석열 대통령 탄핵 판결 후 예상되는 조기 대선을 앞두고 법안이 강행 처리되었다. 이에 대해 대통령 권한 대행은 거부권을 행사했다.

개정 취지는 타당하다. 현행 법체계에서는 부당 합병이나 쪼개기 상장으로 일반 주주의 이익이 침해되더라도, 회사의 이익을 직접적으로 해치지 않으면 이사의 책임이 인정되지 않는다. 실제로 대법원은 이러한 사례에서 이사에게 책임을 묻지 않는 판결을 내린 바 있다. 특정 대주주의 독점적 지배구조를 해결해야 한다는 점도 맞다. 상장 기업이 주식을 공개적으로 거래하면서도 주가 상승이나 배당과 같은 정당한 보상을 하지 않는 행태는 사기와 다름없다. 이렇게 되면 결국 투자자가 줄어들고 자본 시장 신뢰가 무너질 가능성이 있다. 이런 식으로 가면 해외 투자를 받지 못해 후대 기업이 자금 조달에 어려움을 겪게 하고, 국가적으로도 큰 손실을 초래할 것이다.

문제는 법 시행 결과가 기대와 다를 가능성이 높다는 점이다. 무엇보다 현재 한국 기업의 지배구조는 주주 충실의무를 이상적으로 구현하기에 너무 취약하다. 과도한 개혁은 오히려 한국 기업 생태계를 위태롭게 만들 수도 있다. 주주 충실의무의 범위는 매우 넓고, 이를 철저히 실행하는 미국조차 소송 위험이 크다. 예를 들어, 2024년 2월 리프트(Lyft)의 실적 발표 실수나 2023년 3월 메쏘드 전자(Methode Electronics)의 실적 예측 오류 사례에서도 경영진에 대한 소송이 제기되었다. 주주에게 충실한 경영을 위해서는 단순히 성실한 자세만으로는 부족하며, 다양한 기업 경영 경험을 갖춘 전문 경영인이 필요하다. 하지만 한국의 평생직장 문화에서는 이러한 인재를 확보하기 어렵다. 일본 역시 기업 경영 문화가 한국과 유사한데, 밸류업 정책을 추진하면서도 기업 간 순환출자 문제를 해결하지 못하고 있다.

무질서한 개혁은 문제를 해결하지 못할 뿐만 아니라 외국 헤지펀드의 공격으로 인한 국부 유출 등의 부작용을 초래할 수 있다. 대표적인 사례가 1997년 IMF 경제위기다. 개혁의 속도를 조절하면서 건전한 자본 시장과 기업 문화를 형성해야 한다. 주주 중심의 경영이 필요하다는 것은 필요조건이지만, 기업 발전과 경제 성장이라는 충분조건이 충족되지 않으면 개혁은 실패로 귀결될 것이다. 자본 시장 제도는 경제 발전을 위한 것이지, 투자자인 주주만을 위한 것이 아니다.

상법 개정으로 발생할 첫 번째 위험은 단기 성장 중심의 경영이 발생할 가능성이다. 현재 한국 기업 환경에서는 주주가 기업의 비전을 보고 이사를 추천하고, 이사회 중심으로 경영을 수행하는 문화가 정착되지 않았다. 지배주주는 자신의 기업이라 생각하고 장기적 성장을 중시하는 경향이 있다. 그런데 이들이 갑자기 사라지면 이사들이 주주의 지지를 얻기 위해 단기 실적 중심의 경영을 할 가능성이 크다. 개인 투자자는 배당이나 자사주 매입 및 소각과 같이 단기 성과를 선호하는 경향이 강하기 때문이다. 이런 접근이 성장을 멈춘 금융이나 인프라 산업에는 가능할지 몰라도, 대규모 투자와 산업 사이클의 변동성이 높은 제조업에는 치명적일 수 있다.

두 번째 위험은 '바지 이사'와 '유령 경영'의 증가다. 현재 한국 기업 문화에서는 실질적인 결정은 지배주주가 하고, 이사는 책임만 지는 구조다. 대표적인 사례로 영풍그룹이 있다. 중대재해처벌법 위반으로 대표이사 2명이 구속된 후, 3명의 비상근 이사만으로 고려아연과의 경영권 분쟁을 결정했다. 이는 의사 결정이 이사가 아닌 지배주주에 의해 이루어지는 현실을 보여준다. 또한, 법적 책임이 과도하게 강화되면 유능한 인재들이 이사직을 기피할 가능성이 크다. 한국은 이사의 배임죄를 형사처벌하는 전 세계에서 찾아보기 어려운 국가다. 독일은 형법이나 상법에 배임죄 자체가 없다. 미국은 사기죄로 처벌하거나 개인 간 손해 배상으로 피해를 해결한다. 이런 상황에서는 이사직의 연봉이 부장급보다 천문학적으로 높거나, 사고 발생 시 확실한 보상이 주어지지 않는다면 이사직을 맡는 것은 개인에게 비합리적인 선택이다.

세 번째 위험은 법원의 판단이 법률 취지대로 이루어질지 불확실하다는 점이다. 상법 개정이 이루어진다고 해서 그 목적이 반드시 실현된다는 보장은 없다. 이미 현행 법률에도 주주 보호 조항이 존재하며, 법원의 판단 핵심은 법조문이 아니라 해석과 집행 과정에 있다. 예를 들어, 2005년 증권 집단소송제가 도입되었지만, 실제로는 10년간 6건밖에 진행되지 않았다. 같은 기간 미국에서는 200건 이상의 소송이 발생했다. 또한, '주주의 비례적 이익'이 상법의 다른 조항에 우선할지, 회사의 이익과 충돌할 경우 어떤 가치를 우선할지에 대한 기준도 명확하지 않다.

네 번째 위험은 소송전 남발이다. 한국은 아직 주주 충실에 대한 문화나 관행이 형성되어 있지 않다. 이런 상황에서는 주주의 이익을 공평하게 대우한다는 것에 대한 해석이 각자 다를 수밖에 없다. 이렇게 되면 많은 소송전이 불가피하다. 2024년 말 현대자동차의 유상증자가 소액주주 이익을 침해한다는 이유로 소송이 제기되었고, 법원에서 패소한 바 있다. 본래 주식 상장은 그간 투자한 자본을 회수하는 목적과 함께 유상증자를 통해 자본을 원활하게 확보하기 위함이다. 특히 상법은 모든 상장 여부와 상관없이 모든 회사에 적용된다. 결국 중대재해처벌법처럼 문제 해결은 못 하면서 큰 회사는 소송을 대응하고 작은 회사는 더 큰 경영의 부담을 지게 될 가능성이 높다. 이렇게 되어 회사의 경영이 불안해지면 결국 그 피해는 고스란히 회사에 다니는 직원에게 돌아간다.

기업에 가장 큰 부담을 주는 것은 강한 규제가 아니라 불확실한 규제다. 규제가 강해도 명확하면 기업이 대비할 수 있지만, 불확실하면 준비 자체가 어렵다. 이 과정에서 기업은 점점 더 많은 것을 포기하게 되고, 결국 생존이 불확실해진다. 이번 상법 개정안 통과는 이러한 불확실성을 더욱 키웠다. 정치권이 법정에서 법률로 싸우며 공멸의 길로 가고 있듯이, 기업도 해외 시장이 아니라 법원에 더 신경을 쓰다 한계기업으로 전락할 가능성이 상당하다.

문제 해결의 시작, 자회사 지분 100% 소유

의지만 앞세운 무리한 개혁보다는 핵심에 집중한 외과수술식 개혁과 시장 신뢰 회복이 더 중요한 과제다. 바람직한 해결 방법이 있다. 지주회사가 자회사 지분 100% 소유하도록 유도하는 것이다.

미국은 지주회사의 자회사 지분 100% 확보 관행이 정착되어 있다. 미국의 상장기업들은 자회사 지분을 100% 소유하는 경우가 많다. 이는 자회사의 주주 구성이 다를 경우 이해충돌을 피하기 어려운 문제가 발생하기 때문이다. 실제로 미국의 구글, 아마존, 마이크로소프트, 애플 등 주요 빅테크 기업들은 시가총액이 한국 코스피 전체 규모를 넘지만, 상장법인은 단 하나이며 자회사 지분을 100% 소유하고 있다. GM 등 다른 기업들도 마찬가지이며, 예외적으로 중국 합작법인이나 자율주행 담당 자회사 정도만 일부 지분을 보유하고 있지 않다. 자율주행의 경우 스타트업을 인수하는 과정에서 기존 투자자가 존재했기 때문이다.

버크셔해서웨이가 애플 주식을 보유하고 있는 경우도 있지만, 이는 단순한 투자일 뿐 자회사로 볼 수 없다. 개인이 여러 기업의 지분을 소유하는 것은 문제가 되지 않는데, 이는 각 기업의 이사회가 독립적으로 의사 결정을 내리기 때문이다. 예를 들어, 일론 머스크가 스페이스X, X, 테슬라 등 다양한 기업의 지분을 가지고 있어도 문제가 되지 않는다. 만일 서로 밀어주고 그것이 주주의 이익에 반하는 경우는 바로 집단소송에 걸린다. 미국도 과거에는 복수 기업을 상장하는 기업 집단이 존재했지만, 자회사 주주들의 집단 소송 등 법적 위험이 커지면서 현재는 단일 상장법인 중심의 구조가 정착되었다.

한국은 일본 다음으로 복수 상장 비율이 높은 국가 중 하나이며, 이러한 환경에서는 주주 충실의무를 제대로 구현하기 어려운 구조적 문제가 발생한다.

우선 자본시장법을 개정하여 물적 분할 자체를 금지해야 한다. 2022년 LG에너지솔루션의 상장을 계기로 물적 분할 상장이 주주들에게 피해를 초래한다는 사회적 공감대가 형성되었다. 이에 대해 금융위원회는 주식매수청구권 도입과 상장 심사 강화 등의 규제를 마련하겠다는 입장을 밝혔으나, 이러한 방안은 실효성이 부족하다는 지적이 나온다. 주식매수청구권 행사 시 가격 산정 기준이 분할 이전 가격을 기준으로 하기 때문에 사업이 본격화된 이후 주가 상승에 따른 기대 수익을 얻기 어렵다. 또한 법적 기준과 관계없이 주주들 간 합의가 이루어지지 않으면 결국 법정 소송으로 가야 하므로 일반 주주들이 대응하기 어려운 구조다.

거래소는 상장 규정을 개정하여 자회사 상장 사전 심사 규정을 도입했지만, 이 또한 실효성이 낮다. 현재 물적 분할 후 5년간 기존 주주와 충분한 소통 및 보호 노력을 확인하는 조항이 마련되었으나, 기준이 불명확하고 5년이 지난 후에는 보호 장치가 사라진다. 따라서 자본시장법의 특례 조항을 통해 물적 분할 상장을 아예 금지하는 것이 기업 지배구조의 미래 비전을 실현하는 데 효과적이다.

물적 분할이 논란이 됨에도 불구하고 기업들이 지속적으로 자회사 물적 분할 상장을 추진하는 이유는 그것이 지배주주의 이익과 직결되기 때문이다. 신주 발행이나 채권 발행은 모두 지배주주의 지분율에 부정적인 영향을 미칠 수 있다. 이러한 상황에서는 보조적인 규제만으로 효과를 기대하기 어렵다. 따라서 기업 지배구조의 비전에 맞춰 사회적 공감대를 형성하고, 추가적인 규제를 도입하여 보다 근본적인 해결책을 마련해야 한다.

자회사 지분 확보를 위한 인센티브

지주회사가 자회사 지분을 100% 확보해서 기업 경영권 문제를 해결하려면 제도적 인센티브가 필요하다. 2023년 9월 말 기준 172개 지주회사가 있다. 일반지주·자회사의 자·손자회사에 대한 평균 지분율은 각각 72.9%(상장 39.7%, 비상장 85.6%), 82.6%(상장 48.0%, 비상장 85.2%)이다. 이런 상황에서 모든 자·손자회사 지분을 100% 확보하는 것은 현실적으로 불가능하다.

가장 효과적인 대안은 복수의결권을 허용하는 것으로, 이를 통해 자회사 지분을 정리하는 과정에서 보다 안정적인 대응이 가능하다. 일반적으로 1주당 1개의 의결권을 갖지만, 복수의결권은 1주당 2개 이상의 의결권을 부여하는 제도다. 이는 창업주가 대규모 투자를 받더라도 경영권을 유지할 수 있도록 설계된 것으로, 한국에서도 2023년 11월부터 비상장 벤처기업에 한해 허용되었다. 이미 미국의 구글, 페이스북을 비롯한 여러 국가에서 운영 중이다.

복수의결권이 기존 지배주주의 이익을 위한 것이라는 비판이 있지만, 그 효력을 10~20년으로 제한하면 부작용을 줄일 수 있다. 특히, 복수의결권은 상속 시 효력이 사라져 일반 주식과 동일하게 취급되므로, 재벌 기업의 경영권 세습을 막는 효과가 있다. 이렇게 되면 창업주 가족이라도 자동으로 경영권을 승계할 수 없으며, 주주들의 동의를 얻을 만큼 경영 능력을 검증받아야 한다.

대규모 기업집단 규제에서 제외하는 것은 두 번째 인센티브다. 현재 국내 대규모 기업집단 규제는 국내 기업에 대한 역차별 논란을 불러일으키고 있다. 공정거래위원회는 특정 인물을 중심으로 기업집단의 범위를 확정하며, 일반적으로 재벌 총수를 동일인으로 지정한다. 그러나 쿠팡의 경우, 김범석 의장이 미국 국적의 외국인이라는 이유로 개인이 아닌 법인을 동일인으로 지정했다. 하지만 상호출자·순환출자·채무보증 금지, 금융·보험사 의결권 제한 등 대규모 기업집단 규제의 취지를 고려할 때, 쿠팡을 이러한 규제 대상으로 지정하는 것 자체가 부적절하다. 쿠팡은 미국식 경영 방식을 따르며 자회사 지분을 100% 소유하고 있어 자회사 간 부당 거래를 감시할 필요가 없는 구조다.

네이버도 총수 논란의 대표적인 사례로, 글로벌 기준에 맞춰 운영되지만 국내 기준을 강제 적용받는 기형적인 상황에 처해있다. 네이버는 자회사 지분을 100% 소유하며, 창업자인 이해진 전 의장의 지분율은 4.64%에 불과하다. 기업이 글로벌 기준에 맞춰 잘 운영되고 있다면 이를 인정하고 평가해야 함에도 불구하고, 본래 규제 취지와 무관하게 국내 기준을 일방적으로 강요하는 것은 매우 부적절하다. 심지어 공정거래위원회가 조직의 영향력을 유지하기 위해 이런 규제를 고수한다는 지적까지 나오고 있다.

대표적인 모범 사례로 메리츠금융지주가 있다. 메리츠금융지주는 주주 충실의무를 구현하기 위해 두 개의 상장 자회사를 통합했다. 메리츠종합금융은 메리츠화재와 메리츠증권을 완전 자회사로 편입했으며, '포괄적 주식 교환'을 통해 자회사의 발행 주식을 지주회사로 이전하고, 기존 자회사 주주들은 지주회사가 발행하는 신주를 배정받아 지주회사 주주로 전환되었다. 이 과정에서 지배주주인 김 회장의 지분율은 75.8%에서 47%로 하락했다. 이를 승계를 위한 사전 작업으로 보는 시각도 있었으나, 기업 승계 계획이 없음을 다시 한번 명확히 밝혔다. 이러한 결정 이후 메리츠금융지주의 주가는 2024년 10월까지 270% 상승했으며, 조 회장은 이재용 삼성전자 회장, 서정진 셀트리온 회장에 이어 주식 재산 10조 원을 넘긴 세 번째 '슈퍼 부자'로 이름을 올렸다.

메리츠금융지주의 사례는 바람직한 주주 충실의무와 기업 지배구조 개선의 비전을 잘 보여준다. 또한, 상속 대상은 주식일 뿐 경영권이 될 수 없다는 점을 분명히 한다. 주주 충실의무를 제대로 구현하려면 자회사 지분을 100% 소유해야 하며, 지주회사와 자회사 주주 구성이 다를 경우 한쪽 주주만 손해를 보는 구조가 발생할 수밖에 없다. 다만, 메리츠금융지주의 사례가 기업 거버넌스 차원에서 모범적이라는 것이지, 이 회사의 모든 경영 활동이 이상적이라는 의미는 아니다.

공기업 상장 폐지와 연기금 역할 강화

정부는 한국전력과 가스공사 같은 공기업의 상장을 폐지해야 한다. 현재 정부가 가격을 통제하는 한전과 가스공사는 주주 이익보다 국민 이익을 우선하는 구조로 운영되고 있다. 공익적 역할을 고려하면 이러한 운영 방식이 반드시 문제라고 할 수는 없지만, 주주 충실의무를 지키고 있다고 보기도 어렵다. 2012년 한전 소액주주들이 주주 가치를 훼손했다며 소송을 제기했지만, 대법원에서 패소했다. 법원은 한전의 공익적 역할을 근거로 들었지만, 결국 이는 주주의 보호와 충돌하는 결정이었다.

가스공사도 마찬가지다. 해외에서 비싸게 구매한 가스를 국내에 저렴하게 공급하면서 글로벌 기준과 맞지 않는 회계 처리를 하고 있다. 그 결과, 사업에서 이익이 나도 배당할 자금이 없는 모순적인 상황이 발생했다. 공기업이 공익을 추구하는 것은 필요할 수 있지만, 지금처럼 주주의 이익을 무시하는 방식이 지속된다면 정부가 민간기업에 주주 충실의무를 강제할 명분이 없다. 상장기업을 영리 목적이 아닌 공공기관처럼 운영할 것이라면, 애초에 상장을 폐지하는 것이 바람직하다. 상장사는 경영을 잘하면 주주가 그 이익을 볼 수 있어야 하며, 그렇지 않다면 주주를 기만하는 것이나 다름없다.

연기금은 기업이 시장에서 정당한 평가를 받을 수 있도록 적극적으로 활동해야 한다. 2018년 스튜어드십 코드(기관 투자자 의결권 행사 지침) 도입 이후 주주총회에서 반대 의결권 행사가 증가했지만, 실제로 기업 지배구조 변화에는 거의 영향을 미치지 못하고 있다. 경영권 분쟁 이후 주가가 63% 상승한 고려아연처럼, 분쟁이 발생하지 않으면 본래 기업 가치가 제대로 반영되지 못하는 상장사가 상당수 존재한다.

연기금이 저평가된 기업을 찾아 지분을 늘리고 적정 가치를 받을 수 있도록 한다면, 기업 지배구조를 정상화하고 연기금의 수익률을 높이는 동시에 국민 경제에도 이익이 될 수 있다. 또한, 이를 통해 해외자본에 의한 국부 유출을 최소화하고, 단기 수익에 치중하지 않는 장기적 수익 전략을 지원할 수 있다. 글로벌 경제의 블록화가 심화되면 대기업의 공장 해외 이전이 증가하고, 이로 인해 세수와 일자리 감소가 불가피해진다. 이를 보완하기 위해서는 해외에서 발생하는 수익을 주주 환원 정책을 통해 강화하는 방안도 함께 고려해야 한다.

국민연금 기금운용위원회의 독립 기구화가 필요하다. 국민연금이 보다 적극적으로 활동할 수 있도록 정치권과 정부의 영향을 최소화해야 하며, 이를 위해 한국은행 금융통화위원회처럼 기금운용위원회를 독립된 기관으로 운영해야 한다. 현재 국민연금 기금운용위원회는 복지부 장관과 시민단체 등 전문성이 부족한 인사들로 구성되어 있으며, 코드 인사나 정권에 따라 의사 결정이 좌우된다는 논란이 지속되고 있다.

반면, 캐나다는 기금 운용의 정치적 독립성을 확보한 결과 높은 수익률을 기록하고 있다. 캐나다 연금투자위원회(CPPIB)는 연금 기금 운용을 전담하는 독립 기구로, 국민연금에 해당하는 캐나다연금(CPP)과 분리 운영되며, 이를 통해 연평균 10%의 수익률을 달성했다. 이는 한국 국민연금의 수익률보다 두 배 이상 높은 수준이다.

국민연금 기금운용위원회의 독립성을 강화하면, 정치적 개입을 배제하고 전문적인 운용이 가능해져 장기적인 기금 수익률을 높이는 데 기여할 수 있다.

◈ 기업 성장의 과실을 국민에게

성장을 가로막는 문화와 정서

한국 사회는 여전히 영리 활동을 부정적으로 인식하는 경향이 강하다. 전통적인 사농공상의 사고방식이 뿌리 깊게 남아있어, 개인이 자신의 이익을 추구하는 행동을 옳지 않다고 보는 문화가 지속되고 있다. 직업에 대한 위계의식도 강해 전문직이나 공무원이 여전히 선호되며, 상업 활동은 물질적 이익을 추구한다는 이유로 낮게 평가받는다. 이러한 사회적 분위기 속에서 기업이 이익을 내면 곧바로 비난의 대상이 된다. 예를 들어, 서울 관악구의 '착한 가격 업소' 정책은 인근 상권 평균보다 저렴한 가격을 유지해야 한다는 기준을 적용해, 가격이 비싸면 '나쁜 업소'라는 이미지를 형성한다.

시중은행이 높은 수익을 기록하면 정치권에서 '고통 분담'을 요구하고, 국민의 대출 부담 증가를 단순히 은행의 이자 장사 때문이라고 규정하는 경향도 있다. 예상치 못한 상황에서 기업이 과도한 이익을 얻으면 '횡재세' 도입이 거론되지만, 정작 적자기업에 대해서는 상당히 관대하며 혈세가 투입되고도 회수되지 않는 경우가 많다. 기업의 적자는 단순히 해당 기업만의 문제가 아니라, 거래 대금 지급 지연이나 지급 불능 등의 형태로 다른 기업에도 큰 피해를 초래한다. 정부는 산업은행을 통해 적자 기업 구조 조정을 지원해왔지만, 성공 사례는 드물었으며 결국 국민 혈세만 낭비되었다. 2010년부터 2019년까지 산업은행이 구조 조정에 투입한 22.5조 원 중 회수율은 30%에 불과했다.

사회적 기업 육성 정책은 결국 국민의 부담으로 돌아온다. 사회적 기업과 소셜벤처는 영리보다는 사회적 가치를 지향하지만, 정작 정부의 재정 지원 없이는 자립이 어려운 경우가 많다. 2022년 기준 사회적 기업 중 약 3분의 2가 정부 지원을 통해 일자리를 제공하고 있으며, 사실상 정부의 일자리 사업을 수행하는 기관으로 전락했다. 이로 인해 동일한 업종에 속한 중소기업과의 역차별 논란도 끊이지 않는다. 소셜벤처 역시 지속적인 경영을 위해 이익을 추구하면 '초심을 잃었다'는 비판을 받기도 한다.

사회적 가치와 이익 추구를 명확히 분리하는 것이 가능한지 의문이다. 실제로 많은 기업이 사회적 가치를 추구하면서도 영리 활동을 병행한다. 영화배우 제시카 알바가 창업한 '어니스트 컴퍼니'는 친환경 육아·가정용품을 개발하며, 일론 머스크의 테슬라는 전기차를 통해 지속 가능한 에너지로의 전환을 목표로 한다. 마이크로소프트는 개인과 조직이 더 많은 성취를 이루도록 돕는다는 비전을 내세운다.

기업의 영리 활동이 사회적 문제를 야기할 수 있지만, 이는 정부가 재정을 통해 해결해야 할 부분이다. 법인세를 굳이 낮출 필요는 없으며, 특정 세율을 고집하는 것 자체가 무의미하다. 중요한 것은 높은 법인세가 기업의 창업과 경영 의지를 꺾지 않는 선에서 운영되는 것이다. 법인세가 낮다고 해서 반드시 좋은 환경이 되는 것이 아니다. 높은 법인세를 부담하더라도 우수한 인력과 풍부한 자본이 공급되는 나라라면 기업은 그곳을 선택할 것이다.

기업의 영리 활동을 부정적으로 보는 것 이상으로 경제사범에 대한 온정주의도 심각하다. 국회가 특별법까지 제정할 정도로 사회적 피해가 컸던 전세사기범의 형량이 고작 15년에 그쳤다. 사기 범죄는 피해액에 비례해 형량이 증가하지만, 특별경제범죄가중처벌법은 피해자 1명당 피해 금액을 기준으로 적용 여부를 결정한다. 전세사기 평균 피해액이 1.4억 원이라 이 법조차 적용되지 않는다.

형사처벌도 지나치게 관대하다. 미국은 모든 범죄의 형량을 합산해 형벌을 부과하지만, 한국은 여러 혐의 중 가장 높은 형량의 절반만 가중하는 구조다. 이 때문에 미국에서는 범죄자가 150년형을 선고받을 수 있지만, 한국에서는 동일한 범죄라도 형량이 훨씬 낮다. 법원은 전통적으로 사기범에게 관대한 판결을 내려왔고, 그 결과 경제사범의 재범률이 높다. 자백하고 피해자와 합의하려는 노력이 있으면 감형이 이루어지며, 실제로 특정경제범죄법 적용 대상인 50억 원대 사기범조차 징역 5년에 그치는 경우가 있다. 형벌이 약하니 사기 범죄의 재범률도 40%가 넘는다.

재산 범죄 피해자에 대한 구제가 제대로 이뤄지는 것도 아니다. 미국은 재산 범죄 피해자의 피해 복구를 위해 국가가 적극적으로 개입해 범죄 피해재산을 몰수한다. 반면, 한국에서는 '부패재산몰수법'에서만 예외적으로 국가의 개입을 허용하고 있다. 또한, 미국은 범죄행위 이후 거래를 통해 재산을 취득한 제3자의 악의를 추정한다. 범죄자와 거래한 이들의 재산을 일단 몰수하거나 동결한 뒤, 그들이 스스로 선의를 입증하면 풀어주는 방식이다. 이를 통해 다른 사람의 명의로 재산을 빼돌리는 것을 원천 차단한다.

이는 경제·금융사범을 경시하는 전통적 사고에서 비롯된 문제다. "너무 돈에 집착하면 안 된다", "경제적으로 어려우면 실수할 수도 있다", "사람을 죽인 것도 아닌데 형이 너무 무거운 것 아니냐"는 식의 인식이 여전히 존재한다. 하지만 경제사범에 대한 가벼운 처벌은 경제 활동의 근본적인 신뢰를 무너뜨린다. 투자·금융 기업 활동에서 책임과 신뢰를 가볍게 여기는 경향이 이어지는 것도 결국 이러한 법적 환경 때문이라고 볼 수 있다.

공교육에서 경제 교육은 철저히 뒷전으로 밀려나 있다. 2022년 대학수학능력시험에서 경제 과목을 선택한 학생은 전체의 1.5%에 불과했으며, 경제학과에 지원하는 수험생조차 경제를 선택하지 않는 경우가 많다. 2019년 기준 전국 고등학교 중 2학년 경제 과목을 개설한 학교는 27.4%에 그쳤고, 한국 고교생의 금융 이해력 점수는 46.8점으로, 미국 기준으로는 낙제 수준(60점 이하)이다. 한 조사에서 고교생 71%가 신용카드 사용이 곧 빚이라는 사실을 모른다고 응답했을 정도다.

고교 경제 교과서만 제대로 보더라도, 경제의 중심이 왜 기업이며, 자영업자보다 기업이 필수적인지 알 수 있다. 제품과 서비스 개발에 필요한 활동을 개인이 각각 수행하면 모든 과정에서 거래 비용이 발생하지만, 이를 하나의 조직에서 통합 수행하면 거래 비용을 줄일 수 있다. 기업이 부가가치를 높이고 이익을 많이 내야 높은 임금을 지급할 수 있으며, 혁신을 위한 연구개발도 가능해진다. 경제 교육이 부족하면 결국 학생들은 시장과 기업에 대한 올바른 이해 없이 사회에 나가게 되고, 이는 장기적으로 국가 경쟁력에도 부정적인 영향을 미칠 수밖에 없다.

주식 시장의 우상향이 중요하다

일반 국민이 경제를 배우는 가장 좋은 방법은 주식 투자다. 기업과 경제에 대한 이해를 넓히기 위해서는 주식 시장에 참여하는 것이 효과적이다. 자신이 투자한 기업이 성장하면서 주식 가치가 상승하면, 기업의 발전이 국가 경제와 연결된다는 사실을 자연스럽게 체감할 수 있다.

다만, 주식은 변동성이 큰 위험자산이므로 개인 투자는 시가총액이 큰 종목을 중심으로 장기간 보유하는 것이 바람직하다. 개인 투자자는 기관 투자자와 단기 투자에서 경쟁해 승리하기 어렵기 때문에, 기관이 하기 어려운 장기 투자 전략을 취해야 한다. 특히, 개인이 본업보다 주식 투자에만 집중하는 것은 국가 경제에도 부정적인 영향을 미칠 수 있으며, 단기 투자에 집착하는 것은 바람직하지 않다. 개인의 단기 투자는 개인의 선택이지만, 이런 현상이 보편화되면 사회가 도박에 중독된 것과 다를 바 없다.

한국 증시는 단기 투자 성향이 강해 기업 실적보다 투자자들의 관심이 더 큰 영향을 미친다. 그 결과 황당한 투자 사례가 자주 발생하는데, 태풍 이름이 특정 기업과 유사하다는 이유만으로 주가가 급등하기도 한다. 2019년 태풍 '링링'이 발생했을 때 IT 기업 '링네트'의 주가가, 2018년 태풍 '솔릭' 때는 반도체 소재 기업 '솔브레인'의 주가가 상승했다. 그러나 이런 상승은 오래가지 않으며, 시간이 지나면 주가는 결국 원래 수준으로 돌아가 '폭탄 돌리기'에 불과하다.

이러한 이유로 미국 정부는 투자 기간에 따라 개인 투자에 부과하는 세율을 차등 적용한다. 장기 투자는 수익이 적으면 비과세이며, 많아도 최대 20%까지만 세금을 부과한다. 반면, 단기 투자는 최소 10%에서 최대 37%까지 높은 세율이 적용된다. 이는 국민이 주식 시장에 장기적으로 참여하도록 유도하는 정책이며, 한국에서도 단기 투기보다 장기 투자를 장려하는 방향으로 제도적 개선이 필요하다.

중요한 것은 시장 지수가 우상향한다는 믿음을 심어주는 것이다. 미국 시장은 꾸준히 상승해 왔고, 국민의 노후자산이 주식에 크게 의존하고 있어 정치권에서도 지속적인 주가 상승을 위해 노력한다. 반면, 한국 시장은 미국 나스닥과 달리, 장기적으로 우상향하지 못했다. 기업들이 주가 상승을 소홀히 해왔을 뿐만 아니라, 분할 상장으로 인해 코스피 지수 자체의 상승이 억제되었기 때문이다.

분할 상장이 이루어지면 모회사는 사업 일부를 분리하면서 기업 가치가 낮아져 주가가 하락하고, 이로 인해 시장 지수도 하락하게 된다. 반면, 신규 상장하는 자회사는 기존 지수에 포함되지 않는 신규 기업이기 때문에 시장 지수에는 영향을 미치지 않는다. 이러한 구조 때문에 "쪼개기 상장만 줄어도 코스피가 30% 오를 것"이라는 분석까지 나오고 있다. 현재 한국 주식은 변동성이 높아 '단기 매매용', 반면 미국 주식은 성장성이 높아 '장기 보유용'으로 분류된다는 인식이 보편적이다. 이러한 구조를 개선하지 않는다면, 한국 투자자들이 국내 시장을 외면하고 미국 시장으로 자금을 이동시키는 현상은 계속될 수밖에 없다.

정부의 밸류업 프로그램은 의미가 없다. 시장 전체를 우상향시키는 것이 더 중요하다. 밸류업 기준 선정 자체에 논란이 많았고, 발표 다음 날 오히려 주가가 하락했다. 특정 분야나 목표를 위한 지수를 개발하고 관련 ETF를 출시하는 것은 아무런 도움이 되지 않는다. 오히려 문재인 정부 때처럼 시장에 혼란만 초래할 가능성이 크다. 실제로 2021년 1월 15일 출시된 한국형 뉴딜 ETF도 다수 상장되었지만, 출시 직후 잠시 상승한 뒤 곧 손실로 전환되었고, 정권이 바뀌자 아무도 관심을 두지 않게 되었다. 이런 방식의 단기 정책은 시장의 신뢰를 얻지 못하고, 오히려 투자자들에게 불확실성만 키운다.

진정한 밸류업을 원한다면, 코리아 디스카운트의 원인을 제거하고 기업 경쟁력을 높이면서 시장 지수를 끌어올리는 근본적인 해결책이 필요하다. 정부가 특정 종목이나 섹터를 인위적으로 띄우려는 정책보다는 기업이 주주 가치를 제대로 반영하고, 한국 시장 전체가 글로벌 투자자들에게 매력적인 환경이 될 수 있도록 구조적 변화를 이끌어야 한다.

직원의 자사주 매입을 저해하는 기업 지배구조와 우리사주 제도

직원 자사주 매입 제도는 마련되어 있지만, 실질적인 효과는 미흡하다. 현재 특정 가격으로 주식을 구매할 수 있는 스톡옵션, 일정 기간 매도가 제한된 후 조건을 충족하면 무상으로 주식을 받을 수 있는 양도제한조건부주식(RSU, Restricted Stock Units), 그리고 직원이 급여의 일정 비율로 할인된 가격에 주식을 구매할 수 있도록 지원하는 직원주식구매 제도(ESPP, Employee Stock Purchase Plan)에 해당하는 우리사주 제도가 있다.

우리사주 제도는 근로자의 주인의식을 높여 협력적인 노사관계를 구축하고, 기업 성장을 통해 발생한 이익을 가계소득으로 환류시키는 역할을 한다. 2015년 정부가 발표한 우리사주 제도 활성화 방안에서도, 1차 협력업체 근로자가 원청 대기업의 우리사주를 취득해 성과를 공유하는 방안이 제시된 바 있다.

그러나 현실적으로 한국에서는 상장 시점에 직원들에게 자사주를 일회성으로 배정하는 경우가 많다. 이때 상장 시점의 주가는 상대적으로 높은 경우가 많아 일부 성공 사례가 나오기도 하지만, 실패 사례도 적지 않다. 따라서 자본 시장이 정상화되면, 일회성이 아니라 상장 이후 성장의 과정에서 지속적으로 할인된 금액에 자사주 매입을 지원하는 ESPP가 더 합리적인 방식이 될 수 있다. 하지만 현재의 기업 지배구조와 우리사주 제도 내에서는 ESPP가 활성화되기 어렵다.

2015년 정부 발표에 따르면, 주요 원인은 다음 세 가지다.

첫째, 우리사주 취득 후 일정 기간 의무 예탁하는 동안 주가가 하락하면 손실 위험이 발생하는데, 일부 기업들은 지배구조 문제로 인해 주가 상승을 기피하는 경향이 있다.

둘째, 지배주주가 확고한 기업에서는 지분 변동이 발생하면 지배권 유지가 어려워지기 때문에, 다른 주주와의 관계를 고려해 우리사주에 대한 적극적인 출연이 어렵다.

셋째, 우리사주조합 설립 자체가 복잡하다. 근로자의 과반수가 참석해야 하며, 조합 창립이 필수적인데, 이러한 절차가 기업의 부담이 된다. 또한, 일부 기업에서는 우리사주조합이 노동조합의 견제 수단으로 활용될 가능성을 우려해 직원의 자사주 매입 지원을 확대하기 어려워한다. 실제로 2023년 7월 NH투자증권 노조가 노사 갈등에서 자사주를 활용한 사례가 있다.

기업 지배구조가 변화하고, 지배주주의 경영권 상속 관행이 사라지면, 주주 가치 제고를 위한 경영이 자리 잡고, 기업 성장과 성과가 주가 및 배당과 자연스럽게 연계될 수 있다. 이렇게 되면 직원들의 자사주 매입 의욕도 촉진될 것이다. 자사주를 보유한 직원이 주주로서 권리를 행사할 수 있는 상황에서, 자사주 매입 제도의 활성화를 저해하는 우리사주조합 제도는 더 이상 유지할 필요가 없으며, 폐지하는 것이 합리적이다.

내부정보 유출에 대한 처벌과 손해 배상을 확대해야

자본 시장에서 내부정보 유출이 빈번하게 발생하고 있지만, 이에 대한 문제의식은 부족한 상황이다. 한국에서는 기업 내부정보가 사전에 유출되어 부당이익을 취하는 관행이 계속되고 있다.

2024년 9월, 한국거래소의 밸류업 정책에서 제외된 기업들의 주가가 폭락하는 일이 있었다. 일부 금융사의 주식 매도 주문이 정책 발표 1시간 30분 전부터 갑자기 대량으로 이루어졌는데, 시장에서는 해당 종목들이 당연히 포함될 것으로 예상했지만 최종 발표에서 제외되면서 논란이 커졌다. 또한, 2024년 5월에는 한 상장사의 인수를 위해 공개매수를 추진하는 과정에서 공식 발표 전에 정보가 유출되면서 의문의 대량 매수세가 발생한 사례도 있었다.

소액주주들은 이런 행위를 부당 거래라고 지적하지만, 투자업계에서는 "일을 하다 보면 소문이 날 수밖에 없다"는 식으로 문제를 대수롭지 않게 여긴다. 2023년 네이처셀 사례에서도 공시 전 5분 동안 대규모 매도 거래가 이루어졌으며, 회사 측은 한국거래소와의 협의 과정이 길어졌다고 해명했지만 의혹은 해소되지 않았다. 과거에도 한미약품의 신약 개발 계약 정보가 사전에 유출되어 관계 임직원들이 부당이득을 취한 사례가 있었고, CJ E&M의 실적 정보가 유출된 사건도 발생했다.

법적으로는 미공개 정보를 이용한 거래 시 최대 징역 15년형과 부당이득의 최대 5배까지 벌금이 부과될 수 있지만, 현실에서는 집행유예 등 솜방망이 처벌에 그쳐 실질적인 제재 효과가 미미하다.

반면, 미국에서는 기업의 실적 발표와 향후 전망을 공식적으로 발표하는 순간부터 주가가 변동하는데, 이는 내부정보가 철저히 관리된다는 신뢰가 있기 때문이다. 또한, 주식 및 채권 시장에 영향을 미치는 주요 경제지표 발표도 철저히 비밀이 유지되며, 정보가 유출되는 일이 거의 없다. 한국도 내부정보 유출을 근절하고 시장의 공정성을 높이지 않으면 자본 시장 신뢰 회복이 어려울 수밖에 없다.

산업 기술 유출도 빈번하게 발생하고 있지만, 처벌은 여전히 미흡하다. 기술 유출 범죄는 해마다 증가해 2021년 89건, 2022년 104건, 2023년 149건으로 급증했다. 특히 국가 핵심 기술 유출 건수만 93건에 달하며, 2018년부터 2022년까지 5년간 피해액은 25조 원(약 200억 달러)로 추산된다. 그러나 실제 처벌을 보면 실형 선고 비율은 6.2%에 불과하며, 집행유예나 무죄 판결이 74.1%로 대부분을 차지한다(2017~2021년). 법적 처벌 기준이 낮은 것은 아니지만, 실제 운영 과정에서 큰 차이가 발생한다.

한국 법원은 기업이 주장하는 피해액을 인정하는 데 소극적이며, 공식적인 피해 산정 방식도 없다. 반면, 미국·일본·영국 등은 피해 규모를 산정하는 명확한 기준이 있으며, 특히 미국은 피해 규모에 따라 처벌 수위를 강화하는 구조를 갖추고 있다.

결국 한국의 기술 유출 대응 방식은 엉뚱한 방향으로 흘러가고 있다. 정작 기술 유출 처벌은 미약하면서도, 직원들의 이직만 과도하게 제한하는 방식으로 문제를 해결하려 한다. 피해 산정 기준을 명확히 하고, 처벌을 실질적으로 강화하는 것이 기술 유출을 막는 더 효과적인 접근 방식이다. 미국은 피해 배상 규모가 크다 보니 직원이 감히 엄두 내지 못한다. 그래서 우리처럼 회사에 갈 때 가족이 함께 들어갈 수 있을 정도로 보안 관리가 심하지 않다.

처벌을 효과적으로 강화하는 방법 중 하나는 내부고발에 대한 보상을 확대하는 것이다. 기업이 영리를 추구하는 과정에서 법의 경계를 넘는 행위를 하면 강력한 처벌이 필요하다. 그러나 외부에서는 이런 위법 행위를 파악하기 어려워 내부고발이 결정적인 역할을 한다. 한국에서는 내부고발 보상이 낮아 기업의 불법 행위를 적발하기 어렵다. 형사처벌만으로는 한계가 있으므로, 내부고발자의 정보 제공에 대한 보상액을 대폭 높여야 한다.

한국은 직원이 회사를 고발하는 데 인색한 편이다. 미국처럼 고발 내용과 피해 규모에 따라 충분한 보상을 해야 한다. 예를 들어, 현대차 엔진 결함을 제보한 전 현대차 직원은 미국 도로교통안전국(NHTSA)으로부터 2,400만 달러(약 282억 원)의 포상금을 받았다. 한국이 아니라 미국에서 소송을 제기한 이유도 보상 규모가 훨씬 컸기 때문이다. 이처럼 내부고발자에 대한 충분한 보상은 기업의 투명성을 높이고, 자본 시장의 신뢰를 회복하는 데 기여할 것이다.

공정경쟁의 생태계 구축

건강한 산업 생태계는 스타트업이 중소·중견기업으로 성장하고, 다시 대기업과 글로벌 기업으로 발전하는 구조를 가져야 한다. 기업이 시장에서 충분한 경쟁력을 갖추었다면, 자연스럽게 성장하도록 유도하면 된다. 그러나 과도한 중소기업 보호 정책이 오히려 기업 성장을 저해하는 경우가 많다. 예를 들어, 중소기업 적합업종 제도는 경쟁을 막아 생산성 향상을 가로막는다. 물론 모든 기업이 무조건 성장해야 한다는 것은 아니다. 시장 규모에 비해 기업이 지나치게 커지면 수익성이 악화될 수 있으며, 급변하는 환경에 기민하게 대응하기 어려울 수도 있다.

기업도 인간의 생애 주기와 유사하다. 사람이 학교에서 공부하고 사회에 진출한 뒤 일을 하다가 은퇴하듯, 기업도 창업 후 성장하다가 역할을 다하면 자연스럽게 시장에서 퇴장해야 한다. 이는 대기업도 예외가 아니다. 경쟁력을 잃은 대기업은 자연스럽게 퇴출되고, 그 기업에 투입된 인력과 자본이 다음 세대 기업으로 이동해야 경제가 지속적으로 성장할 수 있다. 그러나 현재 한국에서는 대기업의 퇴출이 지연되거나, 중소기업이 정부 지원에 의존해 생존하는 사례가 많아 시장 경쟁이 왜곡되고 있다.

미국이 높은 경쟁력을 유지하는 이유는 실패한 기업이 빠르게 정리되고, 기업인들이 배운 경험을 바탕으로 새로운 도전에 나설 수 있는 환경 덕분이다. 실리콘밸리의 성공도 이러한 재도전 문화에서 비롯되었다. 반면, 한국에서는 기업인이 한 번 실패하면 재도전이 어렵다. 특히 기업의 재정적 실패를 경영자가 모두 책임지는 경향이 강하다. 이는 기업의 소유구조와 관련된 문제다. 한국에서는 경영권 프리미엄 개념이 강하게 자리 잡고 있어 기업인이 모든 책임을 떠안는 구조가 된다. 하지만 정상적인 기업 거버넌스가 확립되면, 기업의 실패는 주주의 책임이 된다.

정부는 기업 규모에 따른 차별적 지원을 폐지해야 한다. 현재 한국에서 대기업으로 분류되는 기업도 글로벌 시장에서는 경쟁력이 부족할 수 있다. 네이버가 AI 경쟁에서 상대적으로 불리한 위치에 있는 것이 대표적인 사례다. 또한, 중소기업 적합업종 제도 역시 경쟁을 제한해 기업의 생산성 향상을 저해한다. 경쟁이 없다면 중소기업은 혁신하려 하지 않는다. 현재는 기형적인 기업 지배구조 때문에 대기업이 작은 사업에도 개입하지만, 기업 거버넌스가 정상화되면 이러한 현상은 사라진다. 시장이 작으면 수익을 내기 어려워 대기업이 굳이 참여하지 않기 때문이다.

대기업과 중소기업 간 협력을 저해하는 규제도 개혁해야 한다. 물론 중소기업이 불공정한 대우를 받는 현실을 감안하면, 관련 규제를 한꺼번에 폐지하기는 어렵다. 따라서 '대·중소기업 협력 샌드박스'를 도입할 필요가 있다. 기존 규제라 하더라도 대기업과 중소기업이 공동으로 신청하면 예외 적용을 받을 수 있도록 허용해야 한다. 이 과정에서 "중소기업은 보호해야 하고, 대기업은 나쁘다"는 사회적 통념을 배제하고, 중소기업이 원하는지 여부에만 초점을 맞춰야 한다.

정부 모태펀드는 단순 지원에서 벗어나 수익성 중심으로 전환해야 한다. 현재 좋은 벤처기업들은 해외로 빠져나가고, 국내 벤처기업은 제대로 성장하지 못하는 상황이다. 결국 국민 세금으로 이루어진 투자가 국민에게 수익으로 돌아오지 않고 있다. 국내 시장은 규모가 작고 기존 사업자들과의 갈등이 많아, 벤처 생태계를 국내에만 한정해서는 충분한 성과를 거두기 어렵다. 이미 경쟁력이 높은 벤처기업들은 초기부터 해외 투자를 받거나 법인을 해외로 이전하는 경향을 보인다. 그러나 국내 벤처 투자는 그동안 모태펀드에 의존한 안정적인 투자 방식에 머물러, 벤처기업 성장보다는 자금 보호에 집중하는 구조였다. 정부 재정이 악화되는 상황에서, 모태펀드 중심의 벤처 자본 시장 생태계를 유지하는 데 한계가 있으며, 이제 민간 중심의 시장 조성이 불가피하다. 모태펀드는 투자 관행을 글로벌 기준으로 전환하고, 투자 수익을 회수할 수 있도록 정책적 변화를 이끌어야 한다.

미국식 시리즈 투자와 벤처 Exit 모델을 도입해야 한다. 미국에서는 투자자들이 단순히 자신의 이익만 고려하는 것이 아니라, 벤처기업의 성장과 Exit(회수)을 목표로 협력하는 구조를 갖추고 있다. 초기 투자 시 단독 투자로 진행한 뒤, 후속 투자에서는 선도 투자자를 중심으로 공동 투자를 진행하며, 추가 투자를 하지 않으면 선행 투자 지분을 상실하는 규정을 둔다. 이러한 시스템을 참고해, 한국도 벤처기업이 장기적으로 성장할 수 있도록 투자 방식을 개선해야 한다.

개혁으로 가는 길,
과정이 성패를 결정한다

국민에게
할 말은 하는 리더십

◆ **국가 개혁의 리더, 대통령**

개혁은 어렵다. 특히 국가 개혁은 더 어렵다. 선진국 반열에 오른 한국은 과거와 다르다. 1970~80년대 경제개발 시절에는 공무원의 권한이 막강했다. 이들이 선을 긋는 순간, 그것이 곧 철길이 되었다. 지금은 상상하기 어려운 일이다. 이미 작동 중인 많은 제도가 있고, 이해관계가 다른 수많은 그룹이 존재한다. 국가의 성숙도가 높아지면서 개혁이 오히려 더 어려워졌다. 그래서 개혁이 체제를 전복하는 혁명보다 어렵다는 말까지 나온다. 복잡한 실타래를 풀어나가는 인내가 중요하며, 때로는 가위로 잘라내는 과감한 결단도 필요하다.

개혁의 엔진은 행정부다. 국가의 의사 결정은 느낌이나 분위기로 하는 것이 아니라, 체계적이고 조직적으로 이루어져야 한다. 정책 생태계는 국회와 행정부뿐만 아니라 대학, 출연연구소, 시민단체, 기업, 노동단체 등 다양한 전문성과 이해관계를 가진 그룹으로 구성된다. 이 가운데 행정부는 직접적인 이해관계를 넘어 쟁점을 체계적으로 검토하기 위해 존재하는 조직이다. 행정부는 마음만 먹으면 누구보다 빠르게 국내외 정보를 확인할 수 있다. 또한, 행정고시를 통과한 후 전문적 훈련을 받은 유능한 인재들이 많다.

행정부의 수반은 대통령이다. 대통령은 10만 명이 넘는 중앙부처 공무원을 통솔한다. "명장 아래 약졸 없다"는 말처럼 대통령의 리더십에 따라 행정부가 효율적으로 운영될 수도 있고, 오히려 혼란을 초래할 수도 있다. 국회의원은 계속 당선되면 평생 직을 유지할 수 있지만, 한국의 대통령은 단 한 번, 5년만 임기를 맡는다. 미국도 최대 4년씩 두 번만 가능하다. 임기가 제한된 대통령은 누구와 경쟁하는 자리가 아니라, 역사의 평가를 받는 자리다. 당장은 힘들더라도 역사의 평가를 받겠다는 자세가 있어야 개혁을 이룰 수 있다.

◆ 개혁을 이끌 수 있는 용기

국가 개혁을 이끄는 대통령에게는 세 가지 용기가 필요하다.

첫째, 해야 할 일을 하자고 말하는 용기다. 이해관계가 얽혀 정치권이 소극적인 상황에서도 대통령은 국가에 필요한 개혁을 과감하게 추진해야 한다. 모두가 아는 위험, 즉 '회색 코뿔소'가 다가오고 있음을 인정하고 함께 피하자고 말할 용기가 필요하다.

대표적인 사례가 연금 개혁이다. 연금 개혁은 정권이 바뀔 때마다 가장 시급한 과제로 꼽혀왔다. 하지만 시간이 흐를수록 개혁의 추진력은 점점 약해졌다. 김영삼 정부는 공무원연금을 처음 손댔고, 김대중 정부는 국민연금과 공무원연금의 1·2차 개혁을 추진했다. 노무현 정부는 국민연금의 두 번째 개혁을, 이명박·박근혜 정부는 공무원연금의 3차와 4차 개혁을 진행했다. 그러나 문재인 정부는 개혁 시도조차 하지 않았고, 윤석열 정부는 책임을 국회로 넘겼다.

2025년 3월, 국회는 기성세대의 이익을 유지하고 미래 세대에 부담을 떠넘기는 연금 개혁안을 통과시켰다. 여야를 가리지 않고 많은 젊은 국회의원들이 반기를 들었다. 자라나는 세대는 보험료만 내고 연금을 받을 가능성은 거의 없다는 점에서, 국민연금은 일종의 폰지 사기(Ponzi Scheme)에 가깝다고 목소리를 높였다. 그러나 돌아온 것은 '세대 갈라치기'라는 기성 정치인들의 비난과 철저한 외면뿐이었다.

이러한 결과에 대한 근본적 책임은 상당 부분 윤석열 대통령에게 있다. 그가 국회 통과 당시 탄핵으로 직무가 정지된 상태였기 때문이 아니다. 대통령은 국민연금 개혁의 당위성은 인정하면서도 정치적 부담을 피하려 했다. 그 결과 정부가 2023년 10월 국회에 제출한 연금 개혁안에 정부의 구체적 입장은 빠져있었다. 사회적 합의는 국회가 하면 된다면서 논의할 수 있는 다양한 대안들을 백화점식으로 열거했고, 조정한다는 보험료율과 소득대체율도 수치는 제시하지 않았다. 개혁의 실질은 비워두고 형식만 남긴 셈이다. 국회는 결국 개혁의 명분이 아니라 유권자가 많은 기성세대의 이익을 선택했고, 윤 대통령은 개혁이 아니라 개악의 길을 열어준 셈이 되었다.

둘째, 할 수 없는 것은 할 수 없다고 말하는 용기다. 이미 한다고 말한 이상 무조건 밀어붙여야 한다는 압박이나, 이해집단의 반발을 우려해 눈감아서는 안 된다. 자신을 뒤로하고 국가를 우선하는 결단이 필요하다.

대선을 앞두고 후보들은 수많은 공약을 발표한다. 괜찮은 공약도 있지만, 한 번이라도 더 언론에 노출되기 위해, 또는 단 한 표라도 더 얻기 위해 나오는 공약이 더 많다. 마치 새로 건국을 하는 듯 전방위적 공약이 쏟아지고, 지역 민원성 요구까지 무리하게 반영된다. 후보 본인이 내용을 제대로 알고 동의했는지조차 의문스러운 경우도 많다. 선거가 치열하다 보니 실행 가능성은 중요하지 않다. 심지어 상대 당의 공약 중 표 확보에 유리한 것은 그대로 따라 하면서, 대선 직전에는 대부분의 공약이 비슷해진다.

대표적인 사례가 사병 연봉 인상 공약이다. 윤석열 대통령은 사병 월급을 대폭 올리겠다고 공약했고, 실현 가능성에 대한 의문에도 불구하고 이를 강행했다. 그 결과, 병장 월급이 직업군인인 하사 월급을 초월하는 상황이 발생했다. 상대적 박탈감을 느낀 부사관과 장교들은 장기 복무를 포기하고 있다. 젊은 청년들이 군에서 고생한 만큼 충분한 보상이 필요하다는 취지에는 공감할 수 있다. 하지만 간부 대거 이탈로 인해 군대의 핵심인 전투력이 무너지는 것은 심각한 문제다.

이와 관련해 '메니페스토 운동'의 실효성도 다시 생각해 볼 필요가 있다. 정치인들이 거짓말을 너무 많이 하다 보니, 한 번 내뱉은 말은 반드시 지키라는 취지에서 시작된 운동이다. 정책 경쟁을 유도하는 점에서는 긍정적이지만, 무조건 공약을 지키라는 것은 위험하다. 후보는 선거 과정에서 가장 약한 위치에 있다. 표를 얻기 위해 공약을 남발하고, 결국 실행 불가능한 공약까지 강행하게 된다. 병장 월급이 하사 월급을 넘어서도록 만든 것처럼, 지키지 말았어야 할 공약이 오히려 사회를 더 위험하게 만들기도 한다.

셋째, 모르는 것은 모른다고 말하는 용기다. '만기친람(萬機親覽)'은 임금이 모든 것을 직접 챙긴다는 뜻이다. 박근혜 정부 시절, 모든 사람이 대통령의 입만 바라보는 상황을 걱정했다. 대통령이 모든 것을 직접 결정하려 했기 때문이다. 장관은 물론, 비서관들과도 제대로 소통하지 못했고, 그 결과 발생한 문제도 대통령이 홀로 짊어져야 했다. 이를 비판하던 문재인 정부도 크게 다르지 않았다. 첫 수석비서관 회의에서 "대통령의 의견에 이견을 제시해도 된다"고 했지만, 실제로 부처 공무원들은 청와대 참모들에게조차 이견을 내지 못했다. 국토부 장관이 청와대 참모가 기획한 부동산 대책을 그대로 발표하는 상황까지 벌어졌다. 결국 급등한 부동산 가격은 정권이 교체되는 결정적 요인이 되었다.

국가 개혁은 대통령이 직접 챙겨야 할 과제다. 하지만 자신의 아이디어를 강요하기보다 좋은 아이디어가 나오고 실현될 수 있는 환경을 조성하는 것이 더 중요하다. 세상의 어떤 천재도 모든 문제에 대한 답을 가지고 있지는 않다. 하물며 정치가 출신 대통령이 그럴 수는 없다. 지나친 자신감은 결국 화를 부른다.

대통령의 역할도 다시 고민해야 한다. 우리는 여전히 '통치'라는 용어를 사용한다. 통치는 관리하고 통제하는 개념이다. 그러나 현대의 대통령은 모든 권한을 쥔 통치자가 아니다. 통치를 시도했던 대통령들은 대개 불운한 결말을 맞았다. 이제 대통령은 경영자라는 인식을 가져야 한다. 경영자는 모든 것을 혼자 결정하지 않는다. 그렇다고 비서실이 대신 결정하게 내버려 두지도 않는다. 각 부처가 원활하게 작동하도록 막힌 곳은 뚫고, 꼬인 것은 풀어주는 것이 경영자의 가장 중요한 역할이다. 직원들이 모른다고 화를 내는 것이 아니라, 직접 현장을 찾아 함께 해결책을 고민하는 대통령이 필요하다.

선택과 집중,
넓게 보고 깊게 분석하라

◆ **아젠다 선정이 중요한 이유: 선택과 집중**

국가 개혁을 추진할 때 가장 먼저 해야 할 일은 우선순위를 설정하는 것이다. 국가적으로 해야 할 일이 많고, 국민들도 여러 어려움을 겪고 있다고 해서 한꺼번에 모든 것을 해결할 수는 없다. 정부의 인력과 예산에는 한계가 있을 뿐만 아니라, 개혁 자체가 막대한 사회적 에너지를 요구하는 작업이기 때문이다. 특히 국가와 국민 생활에 큰 영향을 미치는 개혁일수록 더욱 그렇다. 따라서 중요한 과제부터 하나씩 해결하면서 새로운 과제를 추가하는 '롤링 플랜(Rolling Plan)' 방식으로 접근해야 한다.

그러나 현실에서는 국정과제가 이런 방식으로 운영되지 않는다. 김대중 정부가 처음 100대 국정과제를 발표한 이후, 매 정부마다 100개가 넘는 국정과제를 설정하고 있다. 노무현 정부부터 윤석열 정부까지 명칭은 조금씩 달라졌지만, 모든 국정 분야에 걸쳐 해야 할 과제를 정리한다는 점은 같다. 필자가 참여했던 박근혜 정부 대통령직 인수위도 140개 국정과제를 제시했다. 노무현 정부는 10대 국정과제를 내세웠지만, 세부과제만 253개에 이를 정도로 방대했다.

대선 공약을 지키고 국정 운영의 틀을 만든다는 취지에서 운영되는 국정과제는 오히려 국정 운영의 짐이 되고 있다. 정부는 시스템으로 움직이기 때문에, 한 번 정해진 국정과제는 정권이 끝날 때까지 국무조정실이 지속적으로 진행 상황을 점검한다. 그러나 시대가 빠르게 변하는 만큼 과제의 시의성은 떨어지기 마련이며, 그럼에도 불구하고 과제가 폐기되거나 변경되는 일은 거의 없다. 또한, 국정과제는 대통령 임기 내에 완료되어야 한다는 부담을 안고 있다.

추진이 어려운 과제는 여당 의원을 통해 법안을 발의하고 완료된 것으로 처리하거나, 문구를 조금씩 바꿔 형식적으로 완료했다고 발표하는 경우도 많다. 국정과제 추진이 미흡하다는 뉴스가 정권에 부담이 되기 때문이다.

국정과제는 개혁을 가로막는 장애물이 되기도 한다. 대통령직 인수위원회에는 공무원들이 참여하는데, 단순히 대선 공약을 실행하는 방법만 고민하는 것이 아니라, 각 부처의 조직과 기능, 예산 확대에 도움이 될 만한 과제를 포함시키려 한다. 결국 국정과제가 부처 이기주의를 강화하는 수단으로 활용되고 있는 것이다.

대통령제를 만든 미국의 인수위 운영 방식은 우리와 크게 다르다. 2024년 대선에서 승리한 트럼프 대통령은 국가 개혁을 주장하며 20개의 핵심 공약을 제시했다. 국정과제가 100개가 넘는 한국과는 대조적이다. 공약의 분량도 많지 않다. 20개 공약을 10개 장으로 나누었고, 각 장의 길이는 한 페이지 정도에 불과하다. 우리 국정과제의 10분의 1 수준이다.

또한, 구체적인 정책보다는 "연방정부 예산 낭비를 줄이고 경제성장을 촉진해 경제를 안정화한다"는 식으로 방향을 제시하는 데 초점을 맞춘다. 인수위 운영 방식도 다르다. 미국에서는 5년간 계획을 세우는 것이 아니라, 취임 후 즉시 시행할 행정명령에 집중한다. 대선 과정에서 나온 선심성 정책이나 부처의 숙원 사업을 공고히 하는 데 시간을 낭비하지 않는다. 이처럼 국정과제의 수를 줄이고 실행력을 높이는 방식이 개혁을 더 효과적으로 추진하는 길이다.

개혁과제의 우선순위를 정하는 일은 생각보다 복잡하다. 국민들이 당장 고통을 호소한다고 해서 곧바로 개혁과제가 되는 것은 아니다. 정확한 원인이 무엇인지, 어떻게 해결할 수 있을지를 면밀히 따져봐야 한다. 또한, 관련 쟁점을 파악하고 반대하는 그룹이 누구인지도 분석해야 한다.

우선순위를 정하는 단계에서는 세부적인 분석까지는 어렵더라도, 최소한 개략적인 그림은 그려야 한다. 로드맵 없이 개혁을 밀어붙이는 것은 지도 없이 길을 나서는 것과 같다. 실제 개혁과정에서 예상과 다른 길을 가게 될 수도 있다. 하지만 그렇다고 해서 로드맵이 불필요한 것은 아니다. 지도는 내가 어디에 있는지, 어느 방향으로 가야 할지를 판단하는 데 중요한 기준이 된다.

개혁과정에서 길을 잃으면 단순히 시간만 낭비하는 것이 아니다. 국민의 신뢰를 잃고, 정권의 개혁 동력 자체가 꺼지는 결과를 초래할 수 있다. 반면, 작은 개혁이라도 성공하면 정권에 힘이 실려 더 큰 개혁을 추진할 수 있다. 하지만 큰 개혁을 무리하게 추진하다 실패하면, 결국 작은 개혁조차 이루지 못하는 상황에 빠질 수 있다.

◆ 넓은 시야가 필요한 이유: 우선순위 결정

우리 사회는 다양한 분야가 복잡하게 얽혀있다. 정책마다 고유한 문제가 있지만, 동시에 공통된 구조적 문제를 공유하기도 한다. 때로는 한 분야의 문제가 다른 분야에 큰 영향을 미치기도 한다. 따라서 개혁을 추진할 때는 한 분야만이 아니라 전체를 조망하는 것이 중요하다. 개혁의 원칙은 여러 문제의 근원이 되는 구조적 문제를 찾아 역량을 집중하는 것이다. 만약 이게 어렵다면, 해당 문제를 해결하지 않고도 개혁성과가 충분히 나올 수 있는지를 따져봐야 한다. 시급하고 중요하다고 해서 반드시 우선순위가 높은 것은 아니다. 어떤 문제를 해결하려면 먼저 풀어야 할 개혁과제가 있을 수도 있다.

교육 개혁은 연금, 노동과 함께 3대 개혁과제 중 하나로 꼽힌다. 국가 경영에서 가장 중요한 것은 사람이며, 인재를 키우는 핵심이 교육이다. 학생들은 입시 중심의 학교생활에 어려움을 호소하고, 사교육비도 매년 증가하고 있다. 학생 수가 줄면 대학 입학이 쉬워질 것 같지만, 현실은 오히려 더 어려워지고 있다. 이런 문제를 해결하기 위해 역대 정권이 교육 개혁을 추진했지만, 상황은 나아지지 않았다. 오히려 점점 악화되고 있다. 왜 이런 현상이 발생할까? 근본 원인이 교육 정책에 있지 않음에도 불구하고, 계속 교육 정책만 개혁하려 했기 때문이다.

학벌주의가 저출산의 원인이 될 정도로 심각하다는 주장도 있다. 과연 그럴까? 사실 학벌주의는 과거보다 약해졌다. 1980년대에는 서울대가 다른 대학보다 월등히 높은 입학 점수를 기록했다. 지금은 그렇지 않다. 서울대 위에 의대가 있고, 약대·수의대·한의대도 있다. 대학 소멸이 우려되는 남부권 지방 국립대 약대의 입학 점수가 서울대 공대 상위권과 비슷하며, 공대 하위권이나 다른 단과대학은 약대보다 낮다. 왜 이런 현상이 발생할까?

학벌주의와 치열한 입시 경쟁은 교육 제도 내부에서 해결할 수 있는 문제가 아니다. 과거 한 벤처업계 인사가 "우리나라 입시 제도의 성패는 엄마의 마음에 달려있다"고 말했다. 아무리 입시 제도를 바꿔도 현실은 변하지 않는다. 정부가 정책을 발표하면, 대치동 학원가는 즉시 이에 맞춰 대응책을 내놓는다. 그렇다면 부모들은 왜 자녀를 좋은 대학에 보내려 할까?

우리 사회는 고용이 매우 경직되어 있다. 한 번 입사하면 쉽게 이직하기 어렵고, 성과를 내지 못해도 해고되지 않는다. 따라서 처음 입사할 때가 중요하다. 대학생들이 취업 준비가 안 되면 졸업을 미루는 것도 이 때문이다. 사회 경험이 부족한 신입을 채용할 때 기업이 가장 먼저 보는 것은 무엇일까? 바로 대학이다. 별다른 정보가 없는 상황에서, 대학만큼 실패 위험을 줄일 수 있는 선발 기준은 드물다.

성과주의 사회가 되면 학벌주의는 자연스럽게 약화된다. 학벌주의를 없애겠다며 입시 제도를 개편한다고 해서 해결되는 문제가 아니다. 입시 제도가 학벌주의를 만들어 낸 것이 아니기 때문이다. 이를 잘 보여주는 사례가 있다. 입시 컨설팅 학원들은 이공계의 경우 대학보다 학과가 더 중요하다고 조언한다. 최근 대학 내 복수전공의 문턱이 낮아졌지만, 컴퓨터공학처럼 경쟁이 치열한 학과는 여전히 복수전공이 어렵다. 반면, 문과는 학과보다 대학이 중요하다고 한다. 이공계처럼 학과별 전문성 차이가 크지 않기 때문에, 사회에 나가면 결국 어느 대학 출신인지가 더 중요한 평가 요소가 된다.

성과주의는 노동 제도와 밀접하게 연결된다. 기업이 성과에 따라 공정한 보상을 해야 한다. 성과가 높으면 높은 보상을 받고, 성과가 낮으면 낮은 연봉을 받아야 한다. 나이가 많다고 해서, 근무기간이 길다고 해서 보상이 많아지는 것은 공정하지 않다. 반대로, 어리다고 해서 또는 신입이라는 이유로 어려운 업무를 도맡으면서 낮은 연봉을 받는 것도 옳지 않다.

이직 역시 마찬가지다. 높은 성과자가 불리한 조건으로 회사에 묶여서는 안 되며, 낮은 성과자를 회사가 눈치 보느라 해고하지 못하는 것도 문제다.

결국, 노동 개혁이 교육 개혁의 전제조건이다. 이런 관점에서 보면, 노동 개혁을 먼저 추진한 후 교육 개혁을 진행하는 것이 맞다. 노동 담당 부처와 교육 담당 부처가 다르다고 해서, 두 분야가 학문적 배경이 다르다고 해서 따로 논의하면 개혁성과를 거둘 수 없다. 노동 개혁과 교육 개혁은 함께 다뤄야 하는 문제다.

◆ 깊은 분석이 필요한 이유: 정확한 원인 진단

　개혁은 마치 성난 황소를 타는 것과 같다. 사회적 논란이 커지고 이해관계가 충돌할수록 황소는 더욱 거칠게 움직인다. 이럴 때일수록 고삐를 단단히 쥐어야 한다. 자칫 놓치면 떨어져 크게 다칠 뿐만 아니라, 개혁의 한 과제만 흔들리는 것이 아니라 정부 운영 전체가 위태로워진다. 문제의 원인을 명확히 파악하고 단단히 붙들고 있어야 황소에서 떨어지지 않을 수 있다.

　아젠다를 설정할 때부터 실행 방안에 지나치게 집착할 필요는 없다. 중요한 것은 '할 수 있는 일인가?' 정도만 검토하는 것이다. 어떤 문제든 해결 방법은 하나만 존재하는 것이 아니다. 때로는 이해관계자와 타협해야 하고, 반발이 크면 할 수 있는 부분만 먼저 추진한 후 다음을 기약할 수도 있다. 그러나 놓쳐서는 안 될 것이 있다. 바로 문제의 원인을 정확하게 진단하는 것이다.

　아젠다 설정 단계에서 원인 진단이 부실하면 큰 혼란이 발생한다. 2024년 의대 정원 확대 사례가 대표적이다. 정부는 소아과 의원 부족으로 인해 '오픈런' 현상이 발생하는 것을 문제의 원인으로 보고 의사 수를 늘리자고 주장했다. 하지만 소아과 전문의들의 생각은 달랐다. 이들은 소아과 개원이 기피되는 이유로 낮은 수익성과 소송 위험을 꼽았다. 이미 수련을 마친 전문의조차 개원을 포기하는 상황에서 단순히 의사 수를 늘리는 것이 해결책이 될 수 없었다. 결국 의대 정원 확대 정책은 종합병원의 운영 중단과 같은 사회적 혼란을 초래했다.

문제의 원인을 제대로 진단하지 못하면 개혁의 골든타임을 놓치게 되고, 이는 한국과 같은 지속 가능성을 고민해야 하는 나라에 큰 위협이 된다. 역대 정부마다 규제 개혁을 외쳤고, 스스로 성과를 냈다고 자평했다. 하지만 정작 기업들이 체감할 수 있는 변화는 없었다. 정부는 성과가 있다고 주장하는데, 기업들은 오히려 상황이 더 나빠졌다고 걱정하는 이유가 무엇일까? 이는 문제의 근본 원인을 해결하지 않았기 때문이다.

개혁은 본질적으로 어려운 작업이며, 성과를 내기도 쉽지 않다. 이런 상황에서 공무원들은 무엇인가 보여줘야 한다는 압박을 받으며, 그럴듯한 결과를 내놓는 유혹에 빠진다. 그러다 보면 원인과 관계없이 대규모 예산을 투입하는 단기적 해결책에 의존하게 된다. 이는 공무원들만의 문제가 아니다. 여당 의원들 역시 이런 흐름에 편승한다. 이런 상황에서 개혁의 리더인 대통령이 해야 할 일은 자신의 아이디어를 내세우는 것이 아니다. 오히려 자신의 아이디어가 개혁의 발목을 잡는 족쇄가 될 수도 있다. 대통령이 해야 할 질문은 하나다.

"이게 정말 문제의 원인인가? 이걸 해결하면 문제가 사라지나?"

성공적인 개혁을 위한 필수과정, 공론화

◆ **개혁의 위험을 관리하는 공론화**

개혁을 추진하는 과정에서는 수많은 위험이 따른다. 그중 가장 큰 위험은 이해관계자의 강력한 반대다. 단순히 정부가 나서서 회유하고 설득한다고 해결될 문제가 아니다. 결국 국민의 지지를 바탕으로 반대세력을 넘어서야 한다. 그렇다고 해서 힘으로 밀어붙이기만 해서는 곤란하다. 반대하는 이들도 변화하는 상황을 받아들일 시간이 필요하며, 때로는 사실관계를 제대로 알지 못하는 경우도 있다. 또한, 그들이 처한 어려움을 해결해 줘야 하는 경우도 있다.

개혁에서 가장 중요한 것은 국민적 지지다. 하지만 국민의 지지는 단순히 개혁의 명분만으로 얻어지는 것이 아니다. 개혁의 내용이 충실해야 하고, 그 필요성에 대한 공감대가 형성되어야 한다. 일반 국민이 정책의 세부 내용을 이해하기는 쉽지 않다. 정책이 복잡한 경우도 있지만, 무엇보다 대부분의 사람들에게 그런 정책을 깊이 들여다볼 시간적 여유가 없기 때문이다. 대신, 국민은 반대하는 측의 주장과 언론의 보도를 통해 개혁의 방향을 판단하게 된다.

때로는 정부의 정책 자체가 잘못 설계될 수도 있다. 담당 공무원이 개혁 주제에 대한 이해가 부족할 수도 있고, 윗선에서 자신의 생각을 잘못 투영해 방향이 틀어지는 경우도 있다. 또는 부처 간 이해관계로 인해 정말 필요한 개혁이 후순위로 밀려나고 어설픈 타협안이 추진되기도 한다.

이러한 위험을 관리하는 것이 공론화 과정이다. 이제 정부 발표는 최종 결정이 아니라 개혁의 출발점에 불과하다. 언론이 반대할 수도 있고, 법 개정과 예산 심의과정에서 국회가 개입해 방향을 바꿀 수도 있다. 이를 잘 아는 이해관계자들은 굳이 정부와 직접 논쟁하지 않는다. 대신 자신들을 대변할 국회의원을 찾아 나선다. 그렇다고 이런 현상을 비판해서는 안 된다. 이는 민주주의 국가에서 자연스럽게 나타나는 현상이다.

공론화를 성공적으로 진행하려면 전체적인 흐름을 잘 읽어야 한다. 공론화를 하더라도 논의가 흘러가는 대로 놔둬서는 안 된다. 정부가 원하는 방향으로 유도할 필요가 있다. 그렇다고 무조건 정부안을 고집해야 한다는 의미는 아니다. 더 나은 대안이 나오면 적극적으로 수용해야 한다. 가장 위험한 것은 예상과 다른 방향으로 논의가 흘러갈 때다. 특히 반대가 격렬할 경우에는 논의를 중단하고 시간을 두며 다음 기회를 노리는 것이 현명하다. 만약 어렵다면 다음 정권으로 넘기는 것이 최선일 수도 있다.

대표적인 사례가 2020년 국회를 통과한 '타다 금지법'이다. 4차 산업혁명과 공유 경제가 화두가 되면서 많은 정치인과 정부관계자들이 타다와 같은 서비스를 응원했다. 그러나 택시업계가 생존권을 걸고 강하게 반대하며 심지어 분신까지 하는 극단적 상황에 이르자, 정치권과 정부는 태도를 바꿨다. 검찰은 타다를 여객자동차운수사업법 위반 혐의로 형사입건했고, 법원에서 1심 무죄 판결이 나왔음에도 불구하고 정치권은 여객자동차운수사업법 개정을 강행했다. 결과적으로 "이해관계자의 강한 반대가 있으면 합법도 불법이 될 수 있다"는 메시지를 벤처업계는 물론 국민들에게도 강하게 각인시킨 셈이 되었다.

정치권과 정부가 그때 조금 더 신중했더라면 어땠을까? 총선을 지난다고 해서 타다가 계속 허용되었을지 단정할 수는 없다. 그러나 법원의 최종 판단을 기다리며 시간을 벌었다면, "이해집단이 반대하면 합법도 불법이 될 수 있다"는 나쁜 선례를 남기지는 않았을 것이다.

개혁은 단순히 법률 문구를 고치는 것으로 끝나지 않는다. 개혁이 실현되려면 수많은 이해관계자의 인식과 행동이 변해야 한다. 필자가 추진했던 식품안전관리 개혁도 마무리까지 10년이 걸렸다. 2003년 빈번한 학교급식 식중독 사고를 계기로 국무조정실에 식품안전 T/F가 설치되었고, 2004년 식품안전종합대책이 발표되었다. 이후 2005년 식품안전기본법안을 마련하고, 2006년에는 정부조직 개편안을 국회에 제출했다. 그러나 당시 야당은 "좋은 정책이라도 정권이 바뀌면 우리가 하겠다"며 반대했고, 결국 노무현 정부에서는 개혁이 성과를 거두지 못했다. 그러나 2005년 미국산 쇠고기 파동이 발생하자 이명박 정부는 식품안전기본법을 통과시켰고, 2013

년 박근혜 정부에서 정부조직 개편이 마무리되었다.

식품안전 개혁이 성공할 수 있었던 가장 큰 이유는 노무현 정부 시절 공론화 과정을 거치면서, 정권이 바뀌어도 흔들리지 않을 정도의 공감대가 형성되었기 때문이다. 공론화 과정이 개혁을 지연시키는 것처럼 보일 수도 있지만, 사실 공론화 자체가 개혁의 시작이다. 개혁을 완성하려면 수많은 난관을 넘어야 한다. 공론화는 그 고비를 넘는 과정이다. 정부는 답안지를 작성하고, 국민은 이에 대한 면접관이 된다. 답안지가 잘 만들어지고 질문에 명확하게 답변할 수 있다면 국민의 지지를 받을 것이다. 하지만 답안지가 부실하고 답변이 부족하면 다시 시험을 봐야 한다. 아니면 아예 기회를 잃을 수도 있다.

개혁은 뜸을 들이는 과정이 필요하다. 압력밥솥도 김이 빠질 때까지 기다려야 한다. 서둘러 뚜껑을 열면 폭발할 수 있다. 개혁도 마찬가지다. 숙성의 시간이 반드시 필요하다.

◆ 공론조사는 공론화가 아니다

공론화는 민감한 정책 이슈가 등장할 때마다 언론에서 자주 언급되는 용어다. 하지만 일반적으로 사용되는 '공론화'와 필자가 말하는 공론화는 다르다. 언론에서 말하는 공론화는 주로 공론조사를 의미한다.

공론조사는 1991년 미국의 제임스 피시킨 교수가 제안한 방식으로, 일반 시민들이 참여해 지식과 정보를 학습하고 토론을 거쳐 의견을 발전시키는 과정이다. 단순한 여론조사와 달리, 학습 과정을 포함한다는 점에서 한층 진일보한 방식으로 평가받기도 한다. 특히, 일반 시민들이 모여 토론한다는 점에서 민주주의, 숙의와 참여, 집단지성과 연결되며, 어려운 정책 문제를 해결하는 만능키처럼 인식되기도 했다.

그러나 실제 운영 사례를 보면 공론조사가 기대만큼 성공적이지 못했다. 정책 결정에 영향을 미친 경우도 있지만, 무시된 사례도 있고 오히려 혼란만 가중시킨 경우도 있었다. 어떤 경우에는 정부가 원하는 결과가 나오기도 했지만, 예상과 다르게 반대 결과가 나오면서 정책 추진이 중단된 사례도 있다. 이제는 공론조사가 하나의 관행처럼 자리 잡았지만, 그 성과는 기대에 미치지 못하고 있으며, 분위기도 과거만큼 우호적이지 않다.

정부가 원하는 결과가 나왔던 대표적인 사례는 2005년 '8·31 부동산 종합대책'을 발표하기 전 실시한 공론조사다. 이 조사는 고가·다주택 보유자의 반대를 극복하는 데 기여했으며, 그 결과 당초 제외하려던 1주택 보유자도 종합부동산세 대상에 포함되었다.

반대로, 정부가 예상과 다른 결과를 얻은 사례도 있다. 2017년 실시된 대입 제도 개편 공론조사는 공교육 정상화를 위해 수능을 절대평가로 전환하고 수시의 영향력을 확대하는 방안을 염두에 두고 진행되었다. 그러나 정작 공론조사 결과는 반대로 나왔다. 수시의 공정성 논란이 불거지면서 오히려 정시 비중을 확대해야 한다는 의견이 우세했다. 2018년 신고리 5·6호기 원전 건설 중단 여부를 놓고 진행된 공론조사에서도 정부는 탈원전 흐름에 맞춰 공사를 중단할 것으로 기대했으나, 결과적으로 "원자력발전은 축소해야 하지만 이미 건설 중인 원전은 계속 지어야 한다"는 의견이 나왔다.

이 두 사례는 공론조사의 역할과 한계를 명확히 보여준다. 아이러니하게도, 정부의 무리한 정책 추진을 일반 시민들이 제어하는 긍정적인 역할을 하기도 했다. 하지만 서로 상반된 정책을 동시에 추진하는 과정에서 공론화의 본래 취지가 무색해지기도 했다. 2017년 대입 제도 개편 공론조사에서는 수능을 절대평가로 바꿔 내신 영향력을 강화하는 방안과 정시 비중을 45%까지 확대해 내신 영향력을 최소화하는 방안이 오차 범위 내에서 엇갈렸다. 이후 2019년 '조국 사태'가 발생하며 수능 공정성 논란이 촉발되었고, 결국 상위권 대학의 정시 비중은 40%까지 확대되었다. 대학입시에 이어 원자력발전까지 공론조사가 정부 기대와 다르게 진행되자, 문재인 정부는 이후 공론조사를 더 이상 활용하지 않았다.

국회에서 논의된 2023년 선거 제도 개편과 2024년 연금 개혁 공론조사도 한계를 그대로 보여주었다. 선거 제도 공론조사의 경우, 첫 조사에서 41%였던 비례대표 의석 비율 확대 지지율이 70%까지 상승했다. 소선거구제 지지도는 40%에서 56%로 올랐다. 그러나 이 조사는 일반 여론조사 결과와 차이가 크고, 애초에 방향성이 불명확했다는 비판을 받았다. 연금 개혁 공론조사는 '더 내고 더 받는 안'과 '더 내고 그대로 받는 안'을 두고 진행되었으며, 최종적으로 '더 내고 더 받는 안'이 채택되었다. 하지만 정작 청년층에게 유리한 '연금 폐지'나 '세대 간 연금 분리' 같은 안은 논의 대상에도 포함되지 않았다. 두 공론조사 모두 정쟁에 휩쓸린 국회에 실질적인 영향을 미치지 못했다.

공론조사가 기대만큼 성과를 내지 못하는 이유는 태생적 한계 때문이다. 여론조사와 달리, 학습 과정을 거치더라도 결국 개인의 주관적 판단에 의존한다는 본질에서 벗어날 수 없다. 공론조사는 논리를 구축하는 과정이라기보다는 사람들의 인식 변화를 수치로 확인하는 방식이다. 따라서 응답이 갈리면 일관성 있는 논리를 형성하기 어렵다.

'공론조사 = 집단지성'이라는 등식도 성립하지 않는다. 집단지성은 단순히 많은 사람이 모여 토론한다고 만들어지는 것이 아니다. 찰스 리드비터는《집단지성이란 무엇인가》에서 "군중이 항상 지혜로운 것은 아니고, 민중이 항상 현명한 것도 아니다. 어떻게 조직하고 결합하느냐에 따라 달라진다"고 말했다. 그는 성공적인 집단지성의 사례로 리눅스 같은 오픈소스 소프트웨어 프로젝트를 들며, 집단지성이 작동하기 위한 다섯 가지 원칙을 제시했다.

첫째, 공동체에는 자발적으로 헌신하며 주도적으로 일할 핵심그룹이 필요하다.

둘째, 핵심그룹 주위에 점점 더 많은 사람이 모여야 집단지성이 성장한다.

셋째, 개별적으로 분열된 공동체는 다양한 아이디어를 모으지 못한다. 사람들 간의 소통과 관계 형성이 필수적이다.

넷째, 집단지성은 자율적 통제가 확고하게 이루어질 때 완성된다. 구성원의 가치관이 다양할수록 자율 통제가 더욱 중요하다.

다섯째, 공동체에 참여하는 사람들은 규칙을 따라야 하며, 논리적이지 않거나 규칙을 지키지 않는 경우 배제할 수 있어야 한다.

공론조사는 이 다섯 가지 조건 중 어느 것도 충족하지 못한다. 공론조사를 주관하는 사람들은 조사에서 배제된다. 참가자 수는 처음부터 정해져 있으며, 참여를 희망하는 사람들이 많다고 해서 규모를 키우지도 않는다. 논의 과정에서 비논리적인 의견이 나오더라도 배제하는 구조가 없다. 모든 의견이 동등한 가치를 지니며, 논리적 설득력이나 현실성을 고려해 가중치를 부여하지 않는다. 사실, 공론조사는 사회조사에서 사용하는 포커스 그룹 인터뷰(FGI)와 유사하다. FGI는 숙련된 진행자가 토론을 유도하며 참가자들의 의견, 인식, 태도를 파악하는 방식으로 진행된다. 차이점이 있다면, FGI는 보통 6~12명이 참여하는 반면, 공론조사는 500명 규모로 진행된다는 점뿐이다.

이미 우리 사회에는 집단지성이 작동하는 영역이 많다. 학회가 대표적이다. 학술지는 연구자들의 논문을 무조건 실어주지 않는다. 논문의 논리성과 근거를 동료 연구자들이 평가하고, 일정한 기준을 충족해야 게재된다. 학회 회원이라고 해서 논문이 자동으로 실리는 것이 아니며, 오히려 영향력 있는 학술지일수록 심사가 더욱 엄격하다.

◈ 공론화의 실패를 막아주는 열린 논의

　국가 정책은 집단지성을 최대한 끌어내기 위해 공론화 프로세스를 적극 활용하는 대표적인 분야다. 규제는 물론 주요 정책을 수립할 때 반드시 공론화 과정을 거쳐야 하며, 이는 1996년 제정된 행정절차법에 규정되어 있다.

　공론화 과정은 먼저 정책 전문가로 훈련받은 공무원들이 산업계, 노동계, 시민단체는 물론 학계의 의견을 청취하며 중요한 정책 과제를 선정하는 것으로 시작된다. 이후 연구용역을 통해 공무원들이 부족한 전문성을 보완하기도 한다. 정책 방향이 어느 정도 정해지면 언론을 통해 발표하고, 사회적 반응을 살펴 조정하는 단계로 넘어간다.

　하지만 현재 한국에서 공론화가 제대로 이루어진다고 생각하는 사람은 많지 않다. 정부 정책은 이미 답이 정해져 있다는 평가가 지배적이다. 특히 대통령의 의지가 강하게 작용하거나 특정 정치적 이념을 가진 집단이 권력을 잡으면 이런 경향이 더욱 두드러진다. 여론의 우려를 집권세력을 방해하는 행위로 간주하고, 정권 초반 강한 드라이브를 걸어 정책을 밀어붙이는 경우가 많다. 그러다 국회에서 충돌이 발생하고, 정쟁으로 일이 막힌다는 언론 보도가 나오면 여야 지도부가 만나 타협점을 찾는다. 그러나 이렇게 통과된 정책이 실제로 효과를 발휘할지에 대한 충분한 설명은 거의 이루어지지 않는다. 국회는 법안이 통과된 것 자체를 성과로 삼고, 정부는 국회를 통과한 정책은 무조건 따라야 한다는 태도를 보이기 때문이다.

 공론화는 이러한 불완전한 의사 결정의 위험을 줄여준다. 집권 세력은 자신이 옳다고 믿는 방향을 강하게 추진하려는 경향이 있다. 개혁을 위해서는 소신이 중요하지만, 소신이 과도하게 강조되면 정책이 편향되어 실패할 위험도 커진다. 또한 특정 이익집단의 목소리가 정책 결정 과정에서 지나치게 반영되는 문제도 발생할 수 있다. 공론화를 거치면 이러한 위험을 최소화할 수 있다.

 이론적으로는 국무회의에서 장관들이 대통령에게 정책 개선을 건의할 수도 있고, 타 부처의 문제를 지적할 수도 있다. 하지만 현실적으로는 그렇게 작동하지 않는다. 대통령실 참모들이 의사 결정을 주도하고, 대통령이 방향을 정하면 장관들은 사실상 반대 의견을 내기 어렵다. 때로는 정부가 정치적 부담으로 직접 언급하기 어려운 사안을 언론이 대신 지적하면서 개혁의 명분을 확보하는 경우도 있다.

 예를 들어, 의대 정원 확대 정책은 고령인구 증가로 인해 의료 인력 수요가 늘어날 것이기 때문에 고려될 수 있는 정책이다. 그러나 동시에 저출산으로 인해 전반적인 인재 풀이 줄어들고 있다는 점을 간과해서는 안 된다. 의대 정원을 늘리면 이공계에 진학할 우수인재가 줄어들어 산업 경쟁력에 치명적인 영향을 미칠 수 있다. 이는 단순한 의료 정책이 아니라, 산업 경쟁력과 국가의 미래까지 고려해야 하는 문제다. 따라서 보건복지부가 주도하는 논의에 그칠 것이 아니라, 과학기술부 장관이 반대 의견을 제시하는 것이 정상적인 국무회의 구조라면 가능해야 한다. 하지만 대통령이 방향을 정하고 강하게 추진하는 경우, 장관들이 공개적으로 이견을 제시하기는 현실적으로 어렵다.

공론화가 성공하려면 가장 중요한 것은 열린 자세다. 정부는 발표한 정책에 대해 합리적인 의견이 있다면 얼마든지 수정할 수 있다는 태도를 가져야 한다. 소통에서 가장 경계해야 할 태도가 '답정너'(답은 정해져 있으니 너는 동의만 하라는 의미)다. 정책이 이미 결정되었고, 논의는 형식적인 과정일 뿐이라는 인상을 주면 이익집단은 즉각 반발한다. 그들의 논리가 편향되어 있다면 설득하거나 보완하면 되지만, 일반 국민이 공감할 수 있는 부분이 있다면 이를 수용하지 않으면 개혁의 동력을 크게 잃게 된다.

필자가 국무조정실에서 근무할 당시 경험한 정책 조정 사례가 있다. 2005년 식품안전대책협의회를 운영하면서 국무조정실장이 대책의 문제점을 지적한 적이 있었다. 전날 보고할 때는 잘한 정책이라고 평가받았기 때문에 당황스러웠다. 마치 그는 처음 듣는 이야기인 것처럼 행동했다. 하지만 회의가 끝난 후 준비했던 대책이 근본적으로 바뀐 것은 아니었다. 민간위원들의 동의를 얻으며 원래 계획한 방향대로 진행되었다. 지금 생각해 보면 당시 국무조정실장은 자신의 역할에 충실했던 것이다. 보고를 받을 때는 우리 팀이 속한 기관의 장으로서 역할을 했고, 회의를 주재할 때는 위원장으로서 객관적인 입장에서 정책을 조정했던 것이다.

공론화는 정책을 더욱 완성도 높게 만들고, 불완전한 의사 결정이 초래할 위험을 줄이는 필수적인 과정이다. 단순한 절차적 형식이 아니라, 정책의 성숙도를 높이고 국민의 신뢰를 얻는 핵심 도구로 작동해야 한다.

◆ 4대 개혁보다 중요한 공공 개혁

최근 정부와 언론에서는 의료, 연금, 교육, 노동 등 4대 개혁의 필요성을 강조하고 있다. 그러나 어떤 개혁을 우선적으로 추진해야 할지는 신중한 고민이 필요하다. 모든 개혁이 중요하지만, 우선순위를 정하고 단계적으로 접근하는 것이 필수적이다.

이를 판단하는 방법 중 하나로 '4분면 공식'이 있다. 이 공식은 긴급성과 중요성을 기준으로 개혁과제의 우선순위를 결정하는 데 도움을 준다. 즉, '긴급하고 중요한 것'을 가장 먼저 처리하고, '긴급하지 않지만 중요한 것'을 그다음으로, '긴급하지만 중요하지 않은 것'을 그다음으로, 그리고 '긴급하지 않고 중요하지 않은 것'을 가장 나중에 처리하는 방식이다.

이런 기준에서 볼 때 현재 우리에게 가장 시급한 개혁은 무엇일까?

시급하고 중요한 노동 개혁

현재 한국 사회에서 가장 시급한 개혁은 노동 개혁이다.

우선, 노동시간 규제를 유연하게 조정해야 한다. 특히 미국, 대만, 중국과 경쟁하는 반도체 산업 분야는 상황이 더욱 절박하다. 이미 한국을 제치고 반도체 제조 강국의 입지를 굳힌 대만은 유연한 근무시간 제도를 운영하고 있다. 한국처럼 주 40시간제를 시행하고 있지만, 노사가 합의하면 초과 근무를 자유롭게 할 수 있다. 이 덕분에 TSMC의 R&D팀은 필요할 때 2교대 체제로 24시간, 주 7일 내내 가동된다.

미국과 일본도 주 40시간제를 도입했지만 일정 수준 이상의 연봉을 받는 근로자는 근로시간 규제를 받지 않는다. 미국은 약 107만 달러(약 1.6억 원), 일본은 약 1천만 엔(약 1억 원) 이상의 연봉을 받으면 노동시간 규제에서 제외된다. 한국도 이와 유사하게 일정 수준 이상의 연봉을 받는 근로자는 근로시간 규제 대상에서 제외하는 방안을 고려해야 한다.

스타트업 및 벤처업계에서도 근로시간 규제 개선이 시급한 과제로 지목된다. 급변하는 환경에서 소규모 스타트업은 집중적인 시간 투입이 필요하다. 이를 위해 한때 도입되었던 30인 미만 사업장의 8시간 추가 근로를 다시 허용할 필요가 있다. 실제로, 8시간 추가 근로제는 2018년 주 52시간제 도입 시 30인 미만 중소기업의 영세성을 고려해 2021년 7월부터 2022년 말까지 한시적으로 시행되었지만, 현재는 종료된 상태다. 또한 일정 수준 이상의 스톡옵션을 받은 직원은 대표와 함께 기업의 성장에 기여하는 만큼, 근로시간 규제 적용 대상에서 제외할 필요가 있다. 스톡옵션을 통해 직원들이 회사와 공동 운명체로 묶이면 더 많은 책임감과 동기부여를 갖게 되고, 이에 따라 근로시간에 대한 자율성도 보장될 필요가 있다. 한국노총 등 일부 노동단체가 반대하지만, 사실 이들은 대규모 사업장 중심이기 때문에 소규모 벤처와 직접적인 관련이 크지 않다.

물론, 근로시간 규제 완화는 포괄임금제 폐지와 동시에 추진해야 한다. 포괄임금제를 유지하면서 근로시간만 늘리면 공짜 노동만 증가할 뿐이므로 저항이 발생할 수밖에 없다. 포괄임금제를 폐지하면 일을 덜 하고 덜 받고 싶은 사람과 일을 더 하고 더 받고 싶은 사람 모두에게 공정한 환경이 조성된다. 실제로 IT 및 게임 산업에서는 포괄임금제를 폐지하는 기업이 늘고 있다. 카카오 계열사를 비롯해 건설업계에서도 한라와 삼부 같은 기업들이 포괄임금제를 폐지했다.

노사 문제는 강제적으로 추진하기보다는 자율에 맡기는 것이 바람직하다. 또한, 기업 운영이 어려운 상황이거나 안전 문제가 없는 한, 국가의 개입을 최소화해야 한다. 지금처럼 생활이 점점 어려워지는 현실에서 노동자에게 가장 중요한 것은 일한 만큼 제대로 보상받는 것이다. 근로시간 규제로 인해 소득이 줄어든다면 결국 노동자에게도 손해가 된다. 어차피 국가는 개인의 삶을 책임질 수 없다. 노동자가 스스로 자신의 삶을 개척할 수 있도록 규제를 풀어야 한다. 과거 경제적 풍요 속에서 설계된 노동 규제는 이제 다시 검토해야 한다. 세상이 바뀌면 제도도 바뀌어야 한다. 그렇지 않으면 도태된다. 기성세대가 고집할수록 청년 세대는 더 힘들어진다.

기업가 정신을 꺾는 중대재해처벌법 등 기업인 형사처벌 제도도 개혁이 필요하다. 노동자가 안정적으로 보상받으려면 노동자가 일할 수 있는 기업이 존재해야 한다. 하지만 현재처럼 기업에 대한 처벌 위주 정책이 지속되면 한국에서 기업을 운영하려는 사람들이 줄어들 수밖에 없다. 기업이 줄어든다는 것은 노동자들이 일할 일터가 사라진다는 의미다. 기성세대에는 직접적인 영향을 미치지 않을 수도 있지만, 청년 세대에게는 미래를 앗아가는 일이다.

그렇다고 산업 안전을 소홀히 하자는 것은 아니다. 단순한 처벌이 아니라 정부가 산업재해 절감 목표를 설정하고, 사고의 원인을 분석해 해결하는 방식으로 전환해야 한다. 현재 중대재해처벌법 위반으로 기소된 51건 중 78%(40건)가 50인 이상 299인 미만 중소기업에서 발생했다. 한 조사에서는 중소기업의 77%가 법 대응 역량이 부족하다고 응답했다. 이러한 현실을 감안하면, 정부가 적극적으로 나서서 사고 원인을 분석하고, 중소기업 단체와 협력해 해결책을 마련하는 것이 더 효과적인 접근 방식이다. 단순한 처벌 위주 정책으로는 산업 안전을 실질적으로 개선하기 어렵다.

노동 효율성을 높이는 것에도 초점을 맞춰야 한다. 한국식 조직문화는 장시간 근무를 당연하게 여기는 경향이 있다. 그러나 노동시간이 길다고 해서 반드시 높은 성과로 이어지는 것은 아니다. 오히려 비효율적인 업무구조가 기업과 노동자 모두에게 손해를 초래할 뿐이다. 핵심성과 중심으로 업무를 재설계하고, 불필요한 보고 문화를 줄이며, 의사 결정 속도를 높이는 등의 변화가 필요하다. 또한, 직원들이 개개인의 역량을 극대화할 수 있도록 업무 환경을 개선해야 한다.

앞으로 AI와 로봇이 본격적으로 도입되면 고용의 유연성을 높여야 한다. 미국이 유럽보다 높은 생산성을 유지하는 이유 중 하나는 고용 유연성이 높아 산업 변화에 맞춰 인력을 적절히 배치할 수 있기 때문이다. 그렇다고 당장 해고를 쉽게 할 수 있도록 하는 것은 바람직하지 않다. 준비되지 않은 상태에서 무리하게 추진하면 오히려 더 큰 혼란을 초래할 수 있다.

우선, 노동 시장이 4차 산업혁명의 변화에 적응할 수 있도록 충분한 일자리를 공급하는 것이 중요하다. 그렇지 않으면 기업들이 고용 부담을 감당하지 못해 결국 문을 닫게 될 수 있다. 그렇게 되면 피해는 결국 노동자에게 돌아간다. 다행히 현재 2030 세대는 변화에 빠르게 적응하고 있다. 그들은 한 직장에서 평생 일할 생각을 하지 않으며, 본인의 역량을 발전시키기 위해 이직도 적극적으로 고려한다.

이제 시대가 변했고, 세대도 변했다. 노동 규제도 변화에 맞춰 개혁해야 한다.

번지수를 잘못 짚은 교육 개혁

정부와 언론은 자원이 부족한 한국에서 교육이 국가의 미래를 결정한다고 강조하며, 현재 학생들이 지나친 경쟁과 부담 속에서 고통받고 있다고 주장한다. 이에 따라 교육 개혁을 4대 개혁 중 하나로 삼아 주기적으로 대학 입시 제도를 개편해 왔다. 그렇다면 그 결과는 어땠을까?

차라리 안 하느니만 못했다. 대학입시는 주기적으로 바뀌었지만, 별다른 성과 없이 혼란만 가중시켰다. 정부는 2028년 대학입시 제도를 개편해 내신 등급을 9등급에서 5등급으로 축소하고, 고등학교 과목 중 일부만 평가하도록 했다. 그러나 이 변화는 학생들에게 또 다른 혼란을 불러왔다. 이제 수능만 잘 본다고 되는 것이 아니다. 내신에서 불리하면 아무리 열심히 공부해 수능을 잘 봐도 원하는 대학에 가기 어렵다.

내신에서 가장 중요한 것은 학교 선택이다. 경쟁이 치열한 학교일수록 내신 등급을 받기 어렵다. 따라서 소수만 공부하는 학교를 잘 찾아가는 것이 중요하다. 이는 마치 부동산 시장과 같다. 학교의 입지가 중요하며, 부모가 시간과 재정적 여유가 있는 학생들이 이런 변화에 잘 적응할 수 있다. 반면, 부모가 관심이 없으면 대학입시를 처음 경험하는 학생이 자신에게 유리한 학교를 찾기는 쉽지 않다.

우리는 단순히 교과과정 개편이나 학습 방식 개선이 아니라, 교육을 둘러싼 사회 환경을 바꿔야 한다. 현재 교육 시스템의 문제는 시스템 내부가 아니라, 외부에서 비롯된다.

첫째, 학생들이 선호하는 좋은 일자리가 부족하다. 과거에는 고등학교만 졸업해도 취업에 큰 어려움이 없었고, 내일이 오늘보다 나을 것이라는 기대가 있었다. 하지만 현재는 대부분의 학생이 대학에 진학함에도 불구하고 취업이 어렵고, 미래에 대한 확신이 없다. 따라서 더 치열한 경쟁을 통해 살아남아야 한다. 특히 한국은 학벌 사회다. 좋은 대학을 졸업하면 취업이 보장되며, 큰 실수만 하지 않으면 해고되지 않는다. 연공서열이 중요하기 때문에 승진도 나이에 따라 이루어진다. 결국, 어떤 대학을 나왔느냐가 인생을 결정짓는다.

미국도 학벌이 중요하지만, 중고등학생들은 상대적으로 여유롭다. 성과주의 덕분이다. 명문대를 나와도 미래가 보장되는 것이 아니다. 물론 명문대를 나오면 출발선이 다르겠지만, 성과를 내지 못하면 자리를 지키기 어렵다. 실수를 하지 않더라도 더 뛰어난 사람이 나타나면 언제든 대체될 수 있다. 미국에서는 학벌의 차이가 보통 10년 정도 지나면 사라진다고 본다.

둘째, 정치적으로 오염된 교육감 선거가 교육을 망치고 있다. 교육감 선거는 정치적 중립을 내세우며 도입되었지만, 현실에서는 극도로 정치적이다. 선거 때마다 '중도보수', '중도진보' 등의 표현이 사용되며, 이념을 기준으로 진영 단일화를 시도한다. 심지어 국회의원 선거조차 이렇게 노골적으로 이념을 내세우지 않는다. 이념 지향적이고 정치적인 교육감은 예산을 쥐고 중앙정부의 교육 개혁을 더욱 어렵게 만든다.

셋째, 교실에서 교권이 강화되어야 한다. 지금의 교실은 교육이 아닌 돌봄 서비스 수준에 머물러 있다. 교사는 학부모 민원을 걱정해 적극적으로 교육하지 않는다. 아이에게 문제가 있어도 굳이 개입하지 않는다. 자칫하면 소송을 당할 수 있기 때문이다. 이런 현상은 초등학교뿐 아니라 중·고등학교에서도 마찬가지다. 교사가 자신감을 가지고 교육할 수 없다면, 공교육 정상화는 불가능하다. 교사는 아동의 정서적 피해에 대한 형사처벌 대상에서 제외되어야 하며, 문제 교사가 있다면 교육계에서 확인해 인사 조치를 하면 된다.

서두르면 위험한 연금, 의료 개혁

은퇴 후 삶을 지탱하는 국민연금이 지속 가능성 문제로 위기에 직면했다. 30년 뒤의 일이지만, 지금 연금을 납부하고 있는 세내에게는 당장의 문제다.

연금 개혁 논의는 크게 두 가지 시각으로 나뉜다. 첫째, 현행체계를 유지하되 보험료율을 인상해 미래 세대의 부담을 줄이자는 주장이다. 둘째, 보험료율을 올려도 기금 고갈 시점만 늦출 뿐이라며, 기여한 만큼 받는 방식으로 전환하자는 주장이다.

2025년 3월, 국회는 첫 번째 시각에서 국민연금법 개정안을 통과시켰다. 그런데 구조 개혁 없이 내고 받는 돈의 비율만 조정하다 보니 고갈 시점만 늦췄을 뿐 해결된 것은 없다는 평가를 받고 있다. 오히려 청년 세대에 더 큰 부담을 지우면서 근본적 개혁을 더 어렵게 만들었다는 비판을 받고 있다.

국민연금 구조 개혁은 단순히 국민연금의 지속 가능성만 볼 게 아니라 앞으로 국가 경영 차원에서 검토되어야 한다.

한국은 물론 다른 선진국도 저출산 문제에 직면해 있다. 선진국 대부분 인구 유지가 어렵다 보니 이민을 장려하고 있다. 그 과정에서 많은 마찰이 발생하고 있지만 대세가 바뀌지는 않을 것이다. 저출산 속에서도 인구 유출이 발생하기 때문에 이민에 소극적인 국가가 더 큰 타격을 받기 때문이다. 그들처럼 한국이 적극적으로 이민을 받아들이면 연금의 지속 가능성은 높아질 수 있다. 다만 인구의 유입과 유출이 빈번하기 때문에 지금처럼 낸 것보다 더 받는 상황이 발생하면 해외에서 생활하다 연금을 위해 귀국하는 '체리피커'를 피하기 어렵다. 다민족 국가로의 전환을 선택한다면, 싱가포르처럼 기여한 만큼 받는 구조로 바꿔야 한다.

국민연금이 부족한 은퇴 세대에 지급하는 기초연금도 함께 검토

되어야 한다. 연금이란 명칭을 사용하지만 국민연금과 다르게 세금으로 운영한다. 고령인구 증가로 국가가 부담해야 할 기초연금 규모는 더 커질 것이다. 이런 상황에서 국민연금에 세금을 투입하기 시작하면 기초연금에만 의존하는 사람들에 대한 지원은 줄어들 수밖에 없다.

의료체계도 비슷한 문제를 안고 있다. 윤석열 정부가 의대 정원을 급격히 늘리면서 종합병원이 큰 혼란을 겪었고, 의료 개혁이 국가적 아젠다로 떠올랐다. 현재 의대 교육은 사실상 중단된 상태다. 이제 무리한 정책을 멈추고 의대 교육을 정상화해야 한다. 그러나 이것이 곧 의료 시스템 정상화를 의미하는 것은 아니다. 한국의 의료 체계는 22년 전부터 건강보험 수가 왜곡, 과잉 진료 등 구조적 문제를 안고 있었다. 단순히 의대 정원을 원래대로 돌린다고 해서 이 문제가 해결되지는 않는다.

더 큰 문제는 베이비붐 세대의 은퇴다. 나이가 들수록 병원을 찾을 일이 많아질 수밖에 없다. 건강보험은 국민연금과 달리, 적립식이 아니라 현재 납부된 보험료가 바로 사용되는 방식이다. 그렇다고 해서 앞으로 폭증할 의료비를 감당할 수 있다는 뜻은 아니다. 의료 보장성을 줄이지 않는 이상 세금 투입이 불가피하다. 결국, 의료비 부담은 자산이 부족한 청년 세대에게 돌아가게 된다. 국가가 어느 수준까지 책임져야 하는지에 대한 논의가 선행되어야 한다.

지금 가장 시급한 것은 의대 정원 조정이다. 우선, 혼란 이전으로 되돌려야 한다. 의료 수요가 증가하는데 왜 의사를 줄여야 하느냐는 반문이 있을 수 있다. 그러나 의대 정원 확대는 단순히 의료 시스템의 문제가 아니라 국가 경제 산업의 문제다. 의대 정원이 늘어나면서 더 많은 우수인재가 의사가 되려고 하면서, 이공계를 선택하지 않는 현상이 심화되고 있다. 그렇다면 누가 반도체를 비롯한 첨단 산업에서 한국 경제를 이끌 것인가? 돈이 없으면 의료 인프라가 아무리 좋아도 제대로 활용할 수 없다.

원격의료가 본격화되고 국가 간 기술 경쟁이 치열해지는 시대 변화에 맞춰 약사 제도도 개편해야 한다. 현재 의대 다음으로 약대 진학을 선택하는 학생이 많아지고 있다. 이들 또한 이공계에서 국가 산업을 이끌어야 할 인재들이다. AI가 도입되면 가장 먼저 적용할 수 있는 분야가 약국이다. 단순히 좋은 서비스를 제공하는 것을 넘어, 보다 효율적인 시스템 운영이 중요해지고 있다.

국가 개혁의 시발점, 공공 개혁

경제는 기업과 노동자가 이끈다. 기업은 기업가 정신을 바탕으로 도전해야 하고, 노동자는 원하는 직장에서 열심히 일하며 정당한 대가를 받아야 한다. 하지만 현실은 다르다. 좋은 일자리가 부족해 노동자는 어려움을 겪고, 기업은 각종 규제와 자금 부족으로 사업하기 힘들다. 결국 국가 개혁의 핵심은 기업과 노동자가 일하기 좋은 환경을 만드는 것이다.

그러나 지금은 누구도 그런 기대를 하지 않는다. 정부가 사실상 멈춰서 있기 때문이다. 탄핵 정국을 탓할 수도 없다. 이미 2020년부터 기업들은 개혁에 대한 기대를 접었다. 과거에는 선거철이 되면 산업계 협회와 단체들이 제도 개선을 위해 적극적으로 움직였지만,

이제는 그런 모습조차 사라졌다. 오히려 해외로 빠져나가고 있다.

국가 개혁과제 중 가장 먼저 해야 할 일은 공공 개혁이다. 지금처럼 어려운 상황에서 정부가 움직이지 않으면 아무것도 해결되지 않는다. 정부를 어떻게 움직이게 할 것인가. 정책이 실현되려면 힘을 실어줘야 한다. 현재 국회가 행정부를 지나치게 흔들고 있다. 행정부는 정책 전문가 집단이다. 그런데 국회가 정책 방향을 제시하는 것을 넘어 주도권을 쥐고 있다. 국회는 정치 전문가 집단이라 복잡한 정책을 소화하기 어렵다. 결국 정책을 만들어 정부에 넘긴 후 책임을 회피하는 현상이 심화되고 있다. 이에 따라 현장 공무원들은 책임을 피하며 숨을 곳을 찾는다.

공공 개혁은 중앙정부뿐만 아니라 지자체, 공공기관까지 포함하는 만큼 광범위하다. 여기에서 핵심과제를 찾는 것이 중요하다. 지금 우선적으로 추진해야 할 것은 몇 가지로 나눌 수 있다.

첫 번째 과제는 규제 개혁이다. 규제 대상이 광범위한 만큼 우선순위를 정하는 것이 매우 중요하다. 가장 중요한 기준은 파급력이다. 경제에 큰 영향을 미쳐야 한다. 빠르게 변화하는 세상을 제대로 반영하지 못하는 규제들이 많다. 그러나 이를 하나하나 해결하는 것은 바람직하지 않다. 개혁에는 시간과 인력, 노력이 들어간다. 생활 규제를 개선한다고 해서 경제나 삶이 획기적으로 달라지지는 않는다.

가장 먼저 추진해야 할 개혁 대상은 규제 샌드박스다. 법령부터 정부조직 운영, 사법 시스템까지 한국의 규제 개혁이 당면한 거의 모든 문제를 확인할 수 있다.

규제 샌드박스가 중요한 이유를 먼저 이해해야 한다. 기존 산업을 혁신하고 새로운 성장 동력을 확보하려면 신기술과 신사업을 적극적으로 추진해야 한다. 문제는 규제다. 이를 해결하기 위해 박근혜 정부 당시 벤처업계는 미국처럼 금지된 것 외에는 모두 허용하는 네거티브 규제 정책을 추진했다. 하지만 성과는 없었다. 한국 현실과 맞지 않았기 때문이다.

미국은 규제를 만드는 것이 상당히 어렵다. 논란이 생겼다고 해서 갑자기 규제가 만들어지는 경우는 드물다. 보통 민사소송을 통해 해결한다. 상하 양원제라 법안 통과도 쉽지 않다. 미국은 영국에 대항해 만들어진 국가라 자율을 중시한다. 그렇다 보니 정부기관은 법에서 정한 기능 외에는 권한이 없다. 사고가 나도 정부에 책임을 묻지 않는다. 무엇보다 사법부의 힘이 막강하다. 행정부의 유권 해석을 인정하지 않는다. 대법원이 아닌 지방법원에서도 위헌 판결을 내릴 수 있다. 그 기준도 상식을 벗어나면 안 된다는 식으로 상당히 넓다.

한국은 다르다. 행정부의 권한이 막강하다. 공무원의 유권 해석이 실제 규제로 작용한다. 금융기관의 금리조차 정부 당국자의 발언 하나로 움직인다. 유권 해석은 법정에서도 상당한 효력을 가진다. 지방법원이 위헌 판결을 내리는 미국과 달리, 한국에서는 헌법재판소에서만 위헌 판결을 내린다. 국회에서 입법도 쉽다. 사회적으로 문제가 생기면 민사소송으로 해결하기보다 정부에 책임을 묻는다. 정부 장관은 소관 분야에서 어떤 사고가 발생하든 책임을 져야 한다고 인식된다.

공무원들은 권한은 누리면서 책임은 지기 싫어한다. 규제 샌드박스의 실효성에 대한 논란이 커지는데도 이를 운영하는 부처와 관련 법률은 계속 늘어나고 있다. 공무원 입장에서는 새로운 제도를 만들면 조직을 확대할 수 있고, 언론에 성과를 홍보할 수도 있다. 하지만 정작 규제 개선으로 스타트업이 성장하는 것에는 관심이 없다. 문제가 생기면 언론의 지탄을 받을 수 있기 때문에 사전에 위험성이 있는 사안은 아예 허용하지 않는다. 결국 샌드박스 실증 사업이 끝나도 규제를 어떻게 개선할지 확인할 수 없는 상황이 지속되고 있다.

심지어 규제 개혁의 원칙조차 공무원 편의에 맞춰 적용한다. 정부는 2019년부터 기존 규제를 유지하려면 공무원이 그 필요성을 입증해야 하는 '공무원 규제 입증 책임제'를 운영하고 있다. 하지만 이 원칙은 규제 샌드박스에는 적용되지 않는다. 모호하거나 불합리한 규제에 대한 개선 책임을 공무원이 아니라 기업에 떠넘기고 있다. 공무원 규제 입증 책임제는 그저 언론 홍보를 위한 수단일 뿐이다.

두 번째 공공 개혁의 과제는 공공기관 규모 축소다. 문재인 정부에서 공공기관 임직원 수가 기존보다 30%, 약 10만 명 증가했다. 그러나 같은 시기 한국의 절대 인구는 감소하기 시작했다. 저출산 상황을 고려하면 이제 공공 분야 인력을 큰 폭으로 줄여야 한다. 전체 인구는 아직 크게 줄지 않았고 고령층의 수요는 증가할 전망이지만, 그렇다고 지금의 공공 분야 인력 규모를 유지할 수는 없다. 지금처럼 하면 경제 성장을 이끌어 갈 민간 분야에서 일할 사람이 부족해진다.

　AI를 활용하면 업무 효율성을 대폭 높일 수 있다. 문제는 일하는 방식이다. 지금처럼 윗사람의 주관적 판단에 의존하기보다 데이터 기반의 접근이 필요하다. AI는 윗사람의 생각에 의존하는 방식으로는 효과적으로 활용될 수 없다. 논리적이고 데이터 중심의 사고방식을 도입해야 AI의 잠재력을 제대로 활용할 수 있다.

　세 번째 공공 개혁의 과제는 재정 의존도 축소다. 한국의 재정 중독 현상은 매우 심각하다. 문제가 발생하면 고통을 감내하며 해결하기보다 정부 재정을 투입할 생각만 한다.

　반도체 산업 경쟁이 치열해지자 정부에서 보조금을 지원해야 한다는 이야기가 나왔다. 그러나 한국 반도체 기업이 돈이 없어서 지금과 같은 위기에 처한 것은 아니다. 삼성전자는 자사주를 사들일 정도로 돈이 충분하다. 문제는 조직 문화다. 같은 시기 AI 혁명을 기회로 삼은 SK하이닉스는 승승장구하고 있다.

　AI 모델 개발 경쟁이 심화되자 정부는 펀드를 조성할 계획을 세웠다. 그러나 한국만의 전략은 없다. 선진국에서 하니 우리도 급하니 돈을 투입하면 뭔가 달라지지 않겠느냐는 식이다. 거대자본이 투입되는 미국 빅테크와 경쟁은 어렵다. 특히 소비자를 직접 대상으로 하는 서비스는 플랫폼 비즈니스 특성이 강하다. 제조업과 달리, 플랫폼 비즈니스는 국경을 쉽게 넘을 수 있기 때문에 소수 기업이 독점한다. 중국의 딥시크가 미국에 비해 적은 비용으로 모델을 개발했다고 해서 우리도 해보겠다고 덤벼들 게 아니다. 실제 사업화를 통해 수익을 창출할 수 있을지 고민해야 한다.

공공 개혁의 시작은 정부가 아니라 정치권이다. 국회는 본연의 기능으로 돌아가야 하며, 대통령은 국정 운영 리더십을 제대로 발휘해야 한다. 그렇지 않으면 공공 분야 혁신은 아무리 시도해도 효과를 거두기 어렵다. 과거에는 공공 개혁이 항상 우선순위였다. 그러나 어느 순간부터 그 중요성이 사라졌다. 이는 공무원을 단순히 시키는 일을 하는 사람으로 보는 정치권의 시각 때문이다.

◆ 현실을 인정하고 위험을 선택해야 살아남을 수 있다

IMF 이후, 우리 사회는 위험을 회피하는 데 집중해 왔다. 모든 위험한 일은 피해야 한다는 인식이 자리 잡으면서 도전보다는 안정을 추구하는 문화가 굳어졌다. 그 결과, 답답함을 느낀 청년과 기업들은 해외로 떠나기 시작했고, 경제가 점점 악화되자 정부는 돈을 풀어 부동산 가격을 끌어올리는 정책을 반복했다. 하지만 기업이 충분히 성장하지 못한 상황에서 돈을 푼 결과는 일자리 부족과 부채 증가로 이어졌다. 결국, 우리는 빚을 갚느라 허덕이면서도 돈을 벌 수 없는 상황에 빠졌고, 그 여파로 초저출산이라는 심각한 문제를 마주하게 되었다.

위험을 피하면 안전할 것이라 착각했지만, 피한 위험 뒤에는 더 큰 위험이 도사리고 있었다. 이제 한국이 선택할 길은 두 가지뿐이다. 공포 속에서 현실을 외면할 것인가, 아니면 현실을 인정하고 극복할 방법을 찾을 것인가. 현실을 외면하면 기성세대는 당장은 괜

찮을지 몰라도, 미래 세대는 예측조차 어려운 위험에 처할 것이다. 이 상황을 극복하려면 현실을 직시할 용기가 필요하다.

"부자는 삼대를 가지 못한다"는 말이 있다. 처음 시작한 세대는 일의 밑바닥을 경험하며 성장한다. 그들의 자녀 세대는 부모를 보며 배우기 때문에 위기가 닥치면 어깨너머로 익힌 것을 활용할 수 있다. 그러나 풍요 속에서 태어난 손자 세대는 모든 것을 당연하게 여기며, 변화하는 현실을 깨닫지 못한다. 우리 사회도 마찬가지다. 한국의 국가전략은 2000년대 이후 사실상 멈춰 섰다. 1990년대까지 쌓은 성과가 탄력을 받아 2020년까지 이어졌지만, 이는 선대의 유산이었다. 과거의 풍요를 회상하며 현실을 외면한다면, 우리는 점점 더 깊은 침체와 추락의 늪에 빠질 것이다.

위기 상황에서 새로운 길을 찾으려면 기존의 틀을 과감히 버릴 수 있는 사고방식이 필요하다. 이제 더 이상 당연한 것은 없다고 생각해야 한다. 기존의 생각을 고집할수록 현실을 주관적으로 바라보게 되고, 결국 본질을 외면하게 된다. 강한 자가 살아남는 것이 아니라, 변화에 적응하는 자가 살아남는다. 그러려면 사고방식이 유연해야 한다. 트럼프 이후 급변한 글로벌 메가 트렌드는 이를 가장 잘 보여준다. 지금은 무엇이 옳은지를 따질 것이 아니라 무엇이 더 현명하고, 우리에게 실질적인 이익과 행복을 가져다줄지를 고민해야 할 시점이다. 기성세대가 자신의 생각을 고집하면서 지난 22년 동안의 실패에서 아무것도 배우지 못한다면, 한국은 앞으로도 어려움을 벗어나기 힘들 것이다.

그러나 용기만으로 해결되는 것은 아니다. 위험을 관리할 지혜가 필요하다. 개혁을 추진하는 과정에서는 필연적으로 위험이 따를 수밖에 없다. 사회적 논란이 커질 수 있고 시행과정에서 예상하지 못한 문제가 발생할 수도 있다. 이런 위기를 돌파하려면 이해관계자를 상대로 개혁을 피하면 나중에 더 큰 혼란이 발생한다는 점을 설득하면서 공론화를 효과적으로 추진하는 리더십이 필요하다. 냉정한 현실 인식과 담대한 용기, 소통 능력을 갖춘 지도자의 등장 여부가 대한민국의 생존을 결정할 것이다.

**침몰하는 한국
생존을 위한 선택**

초판 1쇄 발행 2025년 05월 08일

지은이 곽노성, 정인성
펴낸이 류태연

펴낸곳 렛츠북
주소 서울시 영등포구 문래북로 116, 1005호
등록 2015년 05월 15일 제2018-000065호
전화 070-4786-4823 | **팩스** 070-7610-2823
이메일 letsbook2@naver.com | **홈페이지** http://www.letsbook21.co.kr
블로그 https://blog.naver.com/letsbook2 | **인스타그램** @letsbook2

ISBN 979-11-6054-759-7 (03300)

* 이 책은 저작권법에 따라 보호를 받는 저작물이므로
  무단전재 및 복제를 금지하며, 이 책 내용의 전부 및 일부를 이용하려면
  반드시 저작권자와 도서출판 렛츠북의 서면동의를 받아야 합니다.

* 잘못된 책은 구입하신 서점에서 바꾸어 드립니다.